TRAITÉ
DE PHOTOGRAPHIE.

IMPRIMÉ PAR BÉTHUNE ET PLON, A PARIS.

TRAITÉ

DE

PHOTOGRAPHIE

derniers perfectionnements apportés au Daguerréotype (quatrième édition).

PAR N.-P. LEREBOURS,

OPTICIEN DE L'OBSERVATOIRE ET DE LA MARINE.

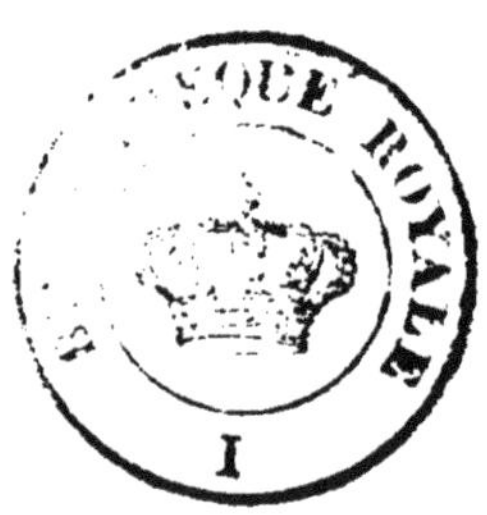

JUIN 1843.

PARIS.

N.-P. LEREBOURS,

Fabricant d'Instruments d'Optique, de Physique et de Mathématiques,

PLACE DU PONT-NEUF, 13.

ATELIERS, RUE DE L'EST, 23.

FORTIN, MASSON ET Cie,
LIBRAIRES, PLACE DE L'ÉCOLE-DE-MÉDECINE, 1.

A LONDRES. CLAUDET,
DAGUERREOTYPE ROOM, ADELAIDE GALLERY, STRAND.

AVANT-PROPOS.

Notre troisième édition, tirée en mai dernier à 1,800 exemplaires, étant entièrement épuisée depuis deux mois, nous nous sommes déterminés à faire paraître ce nouvel ouvrage. Nous ne pouvions passer sous silence les innovations dont l'efficacité nous a été démontrée ; aussi avons-nous refait entièrement la partie relative aux opérations, et c'est en suivant les procédés décrits dans le cours de cet ouvrage que nous avons exécuté les belles épreuves que l'on peut voir chaque jour dans nos magasins.

Nous nous sommes donc attachés à décrire le plus clairement possible, dans le premier volume, les procédés nouveaux adoptés et suivis par nous dans notre établissement pour le portrait; et nous avons ajouté sous forme de notes, quelques détails ou faits qui nous ont paru intéressants.

Nous devons adresser ici nos sincères remercîments à notre ami M. Claudet ; il nous a communiqué, sans aucune réserve et avec une extrême bienveillance, des améliorations dont beaucoup d'autres à sa place auraient fait mystère. Les personnes qui ont admiré les superbes et nombreux portraits qu'il a présentés à l'Institut, s'empresseront assurément d'adopter les innovations décrites dans le cours de cet ouvrage et particulièrement au chapitre qui concerne le polissage ; elles obtiendront, par ces procédés plus sûrs et plus expéditifs, des épreuves plus belles et beaucoup plus vigoureuses que par toutes les autres méthodes précédemment décrites.

L'année dernière, en parlant des substances accélératrices, nous placions sur la même ligne le bromure d'iode et l'eau brômée, aujourd'hui nous serons beaucoup plus explicites ; partageant cette fois les idées émises dans un Manuel où tout le monde n'est pas traité avec une *égale faveur*, mais qui renferme néanmoins d'excellents articles, nous dirons avec l'auteur (1) : « L'eau bromée est sans contredit la substance accélératrice la plus énergique,

---

(1) Nous avions eu d'abord la pensée de répondre à quelques-unes des nombreuses assertions, au moins hasardées, contenues dans cet ouvrage, mais, toutes réflexions faites, nous croyons que ces épigrammes, ces insinuations, dans lesquelles il faut bien forcément parler de soi, ne sont guère du goût du public qui demande avant tout qu'on l'instruise. D'ailleurs, nous

la plus simple et la plus parfaite qu'on ait encore employée en photographie. »

Nous ne sommes pas exclusifs au point de soutenir que l'eau brômée seule, peut produire des résultats parfaits : M. Tony Gaudin a prouvé que le bromure d'iode bien préparé, avait la même sensibilité ; mais que de difficultés pour arriver à ce maximum de sensibilité que l'on obtient immédiatement et sans tâtonnements avec l'eau brômée dosée !

Les cuvettes plates que nous n'avions proposées l'année dernière qu'avec une certaine timidité, étant devenues d'un usage général, nous avons cherché à y faire encore quelques améliorations, et nous croyons y être parvenus en simplifiant l'opération du dosage, et en les faisant servir à volonté avec planchettes, ou pour plaques nues.

On trouvera dans le même chapitre la description des nouveaux châssis en cuivre, employés par M. Claudet d'abord, et déjà par un grand nombre de personnes, pour le transport et la conservation des plaques brômées.

Le goût du plus grand nombre d'amateurs les ayant portés à s'occuper de portraits plutôt que de vues, ils ont dû nécessairement rechercher les objectifs qui opéraient avec la plus grande rapidité.

---

le déclarons, cette manière d'écrire *dont nous ne nous sommes jamais servis les premiers*, nous répugne vivement ; et nous trouvons qu'il n'y a pas compensation à satisfaire pour quelques instants son amour-propre, lorsque cette petite satisfaction peut altérer les sentiments d'estime que les hommes honorables se doivent réciproquement.

Or, comme nous l'avons imprimé l'année dernière, nous dirons encore que nous n'avons jamais rencontré dans les petites dimensions, c'est-à-dire pour les plaques sixièmes, de *combinaison* qui allât plus vite que l'*objectif* de nos appareils sixièmes, dits à portrait (1).

Lorsqu'il s'agit, au contraire, des grandeurs au-dessus, c'est-à-dire pour les plaques quart, demi et normales, il y a alors un très-grand avantage à employer l'objectif double : celui-ci en effet, à foyer égal, peut supporter, sans donner des traces apparentes d'aberration, une plus grande ouverture qu'un seul ; partant, avoir plus de lumière.

L'objectif, dit M. de Valicourt, « est sans contredit la partie la plus importante du photographe, aussi l'a-t-on nommé à juste titre l'âme de l'appareil. C'est donc vers le choix d'un bon objectif que doit se diriger toute l'attention de l'amateur : car il aurait beau s'astreindre à toutes les autres conditions du procédé, il ne fera jamais de bonnes épreuves sans un objectif irréprochable ; mais comme ce n'est qu'à la longue et après de nombreuses expériences que l'on peut s'assurer des qualités d'un objectif,

---

(1) Il est clair qu'avec une même substance accélératrice, la rapidité de l'opération, ne peut être accrue qu'en accourcissant le foyer du verre ; mais ce foyer plus court ne pouvant être atteint qu'en donnant des courbures plus fortes, il en résulte qu'un grand nombre d'appareils, à un ou à deux objectifs, faits avec peu de soin et sans aucun principe, donnent des images *confuses partout* et *entièrement déformées* vers les bords de la plaque.

il est important de se le procurer chez un opticien dont la réputation soit telle qu'elle lui impose l'obligation de ne livrer au commerce que des produits parfaits. Combien de personnes ne se sont-elles pas, dès l'abord, dégoûtées de la photographie, parce qu'ayant acheté au hasard un Daguerréotype tel quel, leurs épreuves se ressentaient nécessairement des vices de constructions de l'objectif ! »

Cet avis est excellent : on ne saurait trop recommander aux amateurs de s'adresser à des opticiens qui connaissent leur profession, et dont le nom offre quelque garantie ; nous prenons de grands soins pour bien faire, mais nous devons ajouter qu'il existe à Paris plusieurs maisons qui offrent toute certitude de cette même bonne confection des instruments.

On verra dans le chapitre consacré à la description des appareils, que nous avons adopté pour tous, les sixièmes exceptés, des planchettes courbées qui font disparaître toute trace d'aberration (1).

---

(1) Nous nous attendons bien qu'on nous dira : Vous n'adoptez les planchettes courbes que parce que vous ne pouvez avec vos objectifs, obtenir, sur une planchette plane, la même netteté aux bords qu'au centre. Ce reproche ne serait pas fait sérieusement, car nous défions *qui que ce soit* de nous présenter un objectif double de 0 m. 08 d'ouverture sans diaphragme, et *du foyer habituel, c'est-à-dire de* 0 m. 27, qui donne l'image d'un objet *plan* d'une manière parfaitement distincte dans *toutes les parties d'une plaque qui n'aura pas été courbée.* Cette différence de netteté, nous le savons, est très-peu considérable, elle échapperait même au plus grand nombre ; mais nous ne voyons pas, de bonne foi, pourquoi le fabricant se refuserait à cet aveu, et pourquoi, surtout, il ne s'empresseait pas d'adopter une disposition qui, sans compliquer en rien le méca-

Quant à l'ébénisterie, nous avons choisi le noyer parce que c'est le bois qui nous a paru réunir le plus d'avantages. Nous avons proscrit le vernis; mais nous nous sommes surtout attachés à réunir toutes les améliorations connues, préférant vendre des appareils *complets,* et surtout *commodes*, sans nous inquiéter si le prix s'en trouvait élevé de quelques francs de plus : en un mot, plutôt que de diminuer le prix au détriment de la qualité, nous avons cherché à perfectionner toutes les parties de l'instrument ; les amateurs, seul public compétent, compareront et jugeront.

Nous avons, dans le second livre, indiqué les meilleures méthodes pour reproduire les Vues, Intérieurs, Académies, Portraits, etc. Nous n'avons rien omis de ce que l'expérience nous a appris sur ce sujet, soumis chaque jour à notre pratique, et nous nous sommes fait un devoir de l'accompagner de documents utiles, empruntés aux notes de divers auteurs.

La troisième partie devra être consultée d'abord pour les excellentes notes de M. Fizeau sur l'eau bromée. Elle renferme tous les renseignements nécessaires pour préparer les substances et compo-

---

nisme, apporte à l'appareil une légère perfection de plus. Au reste, cette opinion ne nous est pas seulement personnelle, et nous pouvons l'appuyer d'une haute autorité ; car, au moment où nous exprimions ainsi notre pensée, nous reçûmes la visite de M. Daguerre, et, lui ayant demandé son avis, il nous répondit que, malgré les très-légers désagréments que présentaient les planchettes courbes, il ne fallait *pas*, suivant lui, *hésiter à les adopter pour tous les grands appareils à court foyer*.

sés employés dans les expériences photographiques. Nous avons pensé qu'il était utile de réunir ces notes disséminées dans des ouvrages peu répandus, et qu'il est en outre difficile de se procurer.

Enfin, il nous a semblé que des expériences qui se rattachent d'une manière plus ou moins directe au Daguerréotype, mais qui sont toutes du plus haut intérêt pour les physiciens, devaient nécessairement trouver place dans un traité que nous avons voulu rendre aussi complet que possible ; nous avons donc inséré, avec tous leurs détails, les préparations des divers papiers. Enfin, après avoir dit quelques mots de la reproduction des épreuves par la galvanoplastie, nous avons cité divers essais de gravures, les expériences de M. Moser, etc., etc.

TRAITÉ
DE PHOTOGRAPHIE.

PREMIÈRE PARTIE.

CHAPITRE PREMIER.

DESCRIPTION DES APPAREILS ET DES PLANCHES.

Les appareils des différents fabricants peuvent être plus ou moins bien exécutés, les objectifs peuvent être à un seul ou à double objectif, l'effet peut en être plus ou moins satisfaisant, enfin ils peuvent être plus ou mois complets; mais chacun d'eux, renfermant les principales pièces que nous allons passer en revue, cette description peut servir à tous, de quelque fabrique qu'ils soient sortis.

La première opération, pour obtenir une épreuve photographique, consistant dans le polissage de plaque, la première pièce dont nous avons à nous occuper est la planchette à polir représentée fig. 1. Pour s'en servir, on engage le tasseau A B sur le bord d'une table; on serre solidement la vis C, et l'on engage l'un des angles de la plaque dans la petite échancrure fixe *a*; l'autre petite pièce échancrée *b*, étant mobile et à coulisse, sert à engager l'angle opposé; on serre alors la petite vis de pression, qui permet de maintenir la plaque et de la dégager quand le poli est terminé.

Les substances dont on fait usage avec la planchette à polir sont les sachets de rouge et de tripoli, ou, si on aime mieux, les petits flacons fermés par une gaze qui ont été proposés récemment par M. de Valicourt. On emploie aussi les velours à poignée de M. Claudet, fig. 2, mais seulement pour donner le *dernier coup*.

Lorsqu'on prépare à la fois plusieurs plaques on pourra, en les retirant de la planchette à polir et après avoir essuyé leur revers et leurs côtés, les renfermer dans la boîte à plaques, dont il est inutile de donner le dessin. Mais il sera mieux de les placer, les deux faces argentées en regard, sur les cadres Claudet, fig. 3; lorsqu'on a ainsi placé un cadre entre deux plaques, on les enveloppe dans du papier fin glacé, deux par deux, jusqu'au moment où on veut les ioder (1).

Nous avons représenté, fig. 4, la coupe de notre boîte à iode. Au fond, se trouve une carde de coton entre laquelle on a saupoudré des parcelles d'iode; *a b* est un carton lisse enchâssé entre des bandes de verre qu'il faut avoir soin d'essuyer de temps en temps. Si la plaque s'iodait trop lentement, on retournerait le cadre qui porte le carton; et l'autre face de celui-ci, se saturant de nouveau, se trouvera,

---

(1) Après qu'elles ont été passées à l'iode et au brôme, on peut les conserver de la même manière pendant plusieurs heures.

au bout de quelques instants, prête pour une nouvelle expérience.

Fig. 5. Cuvette pour passer les plaques aux substances accélératrices. Ces cuvettes que nous avons fait confectionner les premiers, d'après l'avis d'un amateur distingué des sciences physiques, M. de Nothomb, de Longlaville, sont beaucoup plus commodes que les vases coniques; à l'aide d'un petit châssis verni qui repose sur les oreilles *a b*, et qui est joint à chacune de ces cuvettes, on peut se servir de la plaque nue ou de la plaque avec sa planchette. La glace *c d* est rodée sur la cuvette de manière à empêcher toute évaporation.

La chambre noire est à peu près la même pour tous les appareils; la construction que nous regardons comme la meilleure, pour les portraits de petite dimension, et qui est désignée dans notre prix courant sous le titre de *nouveau Daguerréotype pour plaques sixièmes*, est représentée fig. 6 (1). Nous avons adopté la

---

(1) Nous imprimions, en mai 1842, dans notre dernière édition :

« Quoique M. Daguerre eût fait de nombreuses recherches à cet égard, les constructions de grandeurs si variées que l'on a exécutées depuis (*) ont dû nécessairement conduire à des courbures obtenues par des méthodes différentes. C'est ainsi que nous présentâmes les premiers, il y a trois ans, un appareil propre à faire le portrait en deux minutes. Ce résultat, que l'on trouvait alors rapide, provenait de trois causes : le peu de longueur fo-

(*) Nous fîmes, en décembre 1839, un appareil qui nous donna de belles épreuves de 12 pouces sur 15. Si nous citons ce résultat, ce n'est pas que nous le regardions comme une difficulté vaincue, mais seulement pour constater que nous nous sommes sans cesse occupés activement de tous les essais relatifs à l'avancement de la photographie. Aujourd'hui, avec des appareils à objectif double, nous faisons sur des plaques semblables des vues en quinze secondes et des portraits à l'ombre en une minute

disposition imaginée par M. Tony Gaudin, qui eut le premier l'idée de placer l'objectif à fleur de l'appareil. Les nombreux essais auxquels nous nous sommes livrés nous autorisent à *affirmer* que, comparé à un grand nombre d'*objectifs doubles* pour plaques de mêmes dimensions, exécutés par les meilleurs fabricants, le nôtre, à égalité de netteté, a toujours eu un avantage d'un quart pour la rapidité.

Nous avons conservé à cet appareil les diaphragmes variables des microscopes, que notre chef d'ateliers avait adaptés aux appareils Gaudin, il y a deux ans (1), et nous avons emprunté au même instrument le pe-

---

cale de l'objectif, le bon choix des courbures et l'excellence de la matière. Depuis, nous avons encore amélioré cette construction par le déplacement et les ouvertures mieux raisonnées des diaphragmes. Aujourd'hui, avec le même appareil ainsi perfectionné, en faisant usage d'eau brômée, nous faisons des vues en moins d'un dixième de seconde et des portraits à l'ombre, en employant le grand diaphragme, en une fraction de seconde. Dans les premières, les personnages, les voitures, les chevaux qui n'ont pas un mouvement trop rapide sont représentés sur l'épreuve; de là à l'instantanéité il n'y a pas loin.

(1) Les diaphragmes variables *b*, *c*, *d*, viennent se placer à volonté devant l'objectif : avec le bouton *a* on amène en avant des verres l'ouverture la mieux appropriée à l'intensité de la lumière, et aussi à la netteté que réclame le sujet. Deux exemples suffiront pour faire comprendre notre pensée : si l'on veut une vue instantanée avec des corps en mouvement, on devra se servir de la plus large ouverture *d*; car on ne saurait aller trop vite pour reproduire des objets mouvants. Si l'on veut reproduire une vue avec une distinction telle que les objets situés aux bords du tableau soient aussi nets que ceux du centre, on se servira des diaphragmes *c* et *d*. Le portrait d'une personne qui est belle devra être exécuté avec une de ces petites ouvertures; car, plus il sera précis, plus il renfermera de beautés. Si, au contraire, on doit reproduire une personne qui a des rides, des marques de petite vérole ou bien même des traits peu agréables, on emploiera la grande ouverture, et l'on aura alors un de ces portraits suaves et un peu vagues que les peintres appellent flous.

tit rideau qui peut seul être employé à démasquer l'objectif assez vite pour reproduire les objets en mouvement ou pour masquer le ciel dans les paysages.

Plusieurs personnes éprouvant beaucoup de difficultés à se servir des plaques nues, nous avons fait établir des appareils avec l'une ou l'autre disposition; ceux qui sont à châssis en ont deux, ce qui permet d'avoir deux plaques toutes préparées : nous considérons cette addition comme indispensable, car, l'exposition à la chambre à mercure devant durer d'un quart d'heure à une demi-heure, il en résultait, avec une seule planchette, que l'opérateur restait pendant ce temps les bras croisés; le tiroir à coulisse A B C sert à mettre au foyer, en même temps qu'il permet, avec le châssis qui porte la glace dépolie, de juger de l'effet et de la position de l'objet à reproduire. Quant au foyer, il sera aisé d'établir sur ce tiroir des divisions que l'on déterminera avec un grand soin (1).

Lorsque l'on aura amené le tiroir sur l'une de ces divisions on serrera fortement le petit écrou,

(1) Quand on voudra faire usage de ces repères on ne devra pas employer la crémaillère, qui n'est véritablement utile que pour les distances intermédiaires; le tube qu'elle fait mouvoir devra donc être sorti ou rentré entièrement. Après avoir mis le châssis à glace dépolie, on amènera l'ouverture c devant l'objectif et on dirigera l'appareil vers un paysage. Lorsque l'image sera arrivée à sa plus grande netteté, on tracera une marque sur la planche E F. Pour tous les paysages on amènera le tiroir sur ce repère. On tracera également une division à deux mètres, distance la plus convenable pour reproduire des groupe. Enfin on fera une troisième marque à un mètre cinquante centimètres, celle-ci pour le portrait. On voit par là que l'on sera à jamais dispensé de chercher le foyer sur la glace dépolie, ce qui est

afin que le foyer ne puisse plus changer pendant l'opération. Ledit appareil est renfermé dans deux boîtes entièrement distinctes; les avantages de ce modèle, qui est *plus complet qu'aucun autre* et qui met la chambre noire et la boîte à mercure à l'abri des émanations des substances accélératrices, nous ont déterminés à l'adopter pour les appareils de *toutes les grandeurs* à un ou à deux objectifs (1). L'une des caisses renferme donc une grande boîte à mercure (fig. 8), avec pieds rentrants *c d*; un thermomètre *m n*, et un verre jaune, *u v x*, pour éclairer avec la bougie et voir, à travers la vitre blanche *p q*, les progrès de l'opération; la chambre noire, renfermée dans la même boîte, contient les deux châssis à volet avec planchette, la glace dépolie, la boîte à

---

toujours fort long; il suffira en effet de mettre une seule fois exactement au foyer, pour les diverses distances que nous avons indiquées plus haut, et pour cela on se servira avec avantage de caractères d'imprimerie. On n'aura donc qu'à amener, à chaque opération, le tiroir sur le repère, et à placer l'objet ou la personne à une distance *approchée* de celle qui a servi à déterminer ce point, ce qui s'obtient facilement avec une mesure à ruban (*).

(1) Il est arrivé à une foule de personnes, et une fois à nous-mêmes, de ne pouvoir rien obtenir avec un appareil de toute une journée, parce qu'il était renfermé dans la même boîte que les substances accélératrices, qui avaient saturé tous les bois.

(*) Les difficultés que plusieurs personnes rencontraient pour établir les repères avec précision, nous ont engagés à les tracer nous-mêmes. Nos appareils seront donc livrés tout divisés et prêts à servir pour les distances les plus usuelles. Pour les autres, bien entendu, on se servira de la crémaillère; seulement, la distance locale variant d'une petite quantité avec l'ouverture du diaphragme, on aura soin de se rappeler que pour tous les appareils doubles les repères pour portraits sont pris sans diaphragmes, et la division pour les vues a été établie avec le plus petit.

plaque et deux cadres Claudet, pour conserver les plaques brômées.

Ainsi, lorsqu'on voudra faire une excursion et prendre des épreuves pendant toute une journée, il suffira de se munir d'une série de plaques brômées; on ajoutera dans l'espace vide : un briquet, la boîte à mercure en buis, la lampe à esprit-de-vin, et, quand on pense que tout cela est renfermé dans *une seule boîte* fermant à clef, qui n'a pas plus de 22 centimètres sur tout sens, et qui ne pèse pas 2 kilog., on conviendra que ce qu'on appelait le bagage daguerrien se trouve singulièrement réduit. On doit se rappeler, cependant, qu'il s'agit ici d'un appareil sixième; mais comme les mêmes dispositions existent pour toutes les autres grandeurs, ces appareils sont bien différents de ce qu'ils étaient autrefois. Les personnes qui se méfieraient, mais à tort, des plaques bromées le matin (1), trouveront assez de place dans la même boîte pour y loger *momentanément* une planchette à polir, un sachet de rouge ou

---

(1) Lorsque des plaques seront de bonne qualité, nous garantissons que préparées iodées, et brômées le matin, elles donneront pendant tout le cours de la journée d'excellentes épreuves; si, malgré cette assurance, il restait encore quelques doutes, nous nous appuierions d'un fait qui suffira pour convaincre les plus incrédules. Dans un grand établissement de portraits, à Londres, dirigé par M. Claudet, trente à quarante plaques sont tous les matins iodées et brômées comme il sera dit plus loin, ces plaques servent pendant toute la journée, et s'il en reste quelques-unes, ce sont les premières employées le lendemain matin; sur celles-ci par exemple, il existe souvent quelques picots noirs, mais seulement sur quelques-unes. D'un autre côté, M. Claudet a cru remarquer qu'elles avaient acquis un degré de plus de sensibilité.

de tripoli, le velours pour donner le dernier coup, la boîte à iode, la cuvette à brômer, le pied à fixer et le chlorure d'or; de façon que si elles chargent en même temps leurs poches d'un flacon d'eau brômée et d'un flacon d'hyposulfite elles peuvent, à la campagne, faire des portraits ou prendre des vues, et *les terminer sur place*, avec le simple bagage de la petite boîte dont nous avons donné plus haut les dimensions.

Maintenant que nous avons décrit tous les objets qui ont besoin d'être séparés de la pharmacie, nous allons donner la liste des substances ou objets contenus dans chacune des deux boîtes qui ont de semblables dimensions :

1° Chambre noire à diaphragmes variables, fig. 6.

2° Boîte à mercure à verres jaune et blanc et thermomètre, fig. 7 ;

3° Châssis à glace dépolie;

4° Deux châssis à volet avec ou sans planchette;

5° Boîte à plaques;

6° Planchette à polir, fig. 1;

7° Deux cadres Claudet pour conserver les plaques brômées fig. 3;

8° Pied à fixer, en cuivre, sans vis à caller.

9° Boîte à iode, fig. 4;

10° Cuvette à brômer, avec sa glace, fig. 5;

11° Lampe à esprit-de-vin;

12° Briquet;

13° Sachet de tripoli;

14° Un quart de litre d'eau brômée au titre;

15° Un flacon d'eau brômée saturée, divisé en 40me de quart de litre.

16° Esprit-de-vin dans un grand flacon, bouchon taillé et usé à l'émeri.

17° Tripoli;	Id.	Id.
18° Iode;	Id.	Id.
19° Huile;	Id.	Id.
20° Hyposulfite.	Id.	Id.

21° Rouge à polir dans un petit flacon bouché à l'émeri;

22° Acide nitrique;	Id.	Id.

23° Un flacon en buis renfermant le mercure;

24° Bocal en verre avec mousseline renfermant le tripoli;

23° Bocal en verre renfermant le rouge à polir.

On verra dans le prix courant, qui est à la suite de cet ouvrage, que nous avons divisé tous nos appareils en deux catégories bien distinctes: les cinq premiers articles *seuls*, composent la première; et, comme chez la plupart des fabricants, toutes les pièces, appareil et pharmacie, sont réunies dans une même boîte. Ceux de la seconde catégorie, composée de tous les autres instruments à un et à deux objectifs, ont, comme le nouveau sixième dont nous venons de donner la description, une boîte pour l'appareil, et une seconde pour la pharmacie. Cette description suffira pour donner une idée des appareils de plus grande dimension : dans ceux-ci, les accessoires sont à peu près les mêmes ; seulement, tout étant proportionné, les substances se trouvent dans des flacons beaucoup plus grands.

Nous ne saurions trop recommander à toutes les personnes que ce petit surcroît de dépense n'effraiera pas, de prendre l'appareil à deux boîtes. On sera amplement dédommagé de l'augmentation de prix, par la possession d'un appareil bien plus complet et surtout bien plus commode.

Avant de terminer ce chapitre, nous dirons quelques mots sur nos objectifs doubles.

L'objectif double, pour quart ou demi-plaque, est représenté fig. 8 ; il se compose de deux objectifs A, B. En C se trouve la crémaillère pour mettre au foyer, D E est une glace à surfaces parallèles que l'on peut y adapter à volonté pour redresser les vues. G est un diaphragme que l'on adapte à la partie antérieure, seulement quand on veut faire des vues d'une netteté remarquable ; car, pour le portrait et la reproduction de la plupart des objets, il est absolument inutile, et ne ferait que retarder l'opération.

La construction des objectifs pour les plaques normales et pour celles de 24 centimètres sur 32, ne diffère de celle ci-dessus que par l'addition d'un troisième objectif de rechange qui se met à la place de celui figuré en B. Ce troisième objectif ayant un foyer beaucoup plus court que l'autre, on l'emploie pour les portraits et presque toujours sans diaphragme.

Nous continuons, pour redresser les images, de faire usage de la glace parallèle D, E; nous avons constaté qu'elle opère plus rapidement que le prisme rectangulaire et qu'elle donne des résultats aussi nets, tout en coûtant beaucoup moins.

Fig. IX. Bassine et séchoir pour grandes plaques.

Fig. X. Support pour fixer la plaque au chlorure d'or; à l'aide des trois vis de la base, on met la plaque de niveau presque immédiatement.

Fig. XI. Pied de M. le baron Seguier pour le voyage; le mouvement à boule situé en *a* permet de donner à l'appareil telle inclinaison que l'on veut, la planchette *c d* se démonte à vis et les pieds se brisent en deux parties en *e e e*.

Fig. XII. Chaise avec support pour appuyer la tête.

APPAREIL DE M. CLAUDET.

Le but de M. Claudet, dans les combinaisons de son appareil, a été de le rendre propre à recevoir toutes les grandeurs de plaques et toutes sortes d'objectifs, à longs et à courts foyers, simples ou combinés. Cette forme d'appareil est d'un grand avantage pour les amateurs qui veulent tour à tour faire des vues et des portraits sur des plaques de différentes grandeurs, ce qui nécessite des objectifs de divers foyers et éclairant des champs plus ou moins étendus. Pour prendre des vues ou des portraits sur des plaques de petites dimensions, il est avantageux de se servir d'objectifs à court foyer; de là, nécessité d'avoir un objectif propre à chaque dimension de plaque. Il est donc évident que, pour tout amateur et même pour toute personne s'adonnant au Daguerréotype par profession, un appareil établi d'après ces principes est, après tout, le mode le plus commode et le plus économique pour pratiquer cet art. Mais il est encore une raison qui le recommande puissamment, c'est que, chaque année, de nouveaux systèmes d'objectifs viennent rendre les anciens incomplets. Il faut, pour être au niveau des autres opérateurs, acheter de nouveaux instruments, tandis que le système Claudet permet de profiter de tous ces perfectionnements aussitôt qu'ils sont connus, sans avoir autre chose à faire que de se procurer le nouveau système optique, ou de faire modifier celui qu'on a. Enfin, pour ceux qui veulent faire des expériences sans avoir à s'encombrer d'appareils, il est tout à fait indispensable de donner la préférence à ce modèle.

Ce qui distingue donc ce système de tous ceux qu'on a suivis auparavant, c'est, comme nous l'avons dit, la facilité d'opérer sur toutes grandeurs de plaques et avec toute espèce d'objectifs sans changer d'appareil.

Nous allons décrire d'abord les pièces destinées à recevoir les diverses grandeurs de plaques, et après nous expliquerons comment s'adaptent et se changent les objectifs. Mais auparavant, il est bon d'indiquer l'ensemble de la construction de la chambre obscure et la manière d'opérer.

La figure 13 représente la chambre obscure, dont l'intérieur est fermé par un cadre mobile, A B C D, glissant parallèlement d'un bout à l'autre au moyen de quatre règles, E F G H, solidement assemblées à chacun des quatre angles du cadre. Ces règles suffisent au maintien du parallélisme quand on fait mouvoir le cadre pour mettre au foyer. Le cadre mobile est composé de quatre autres cadres correspondants à la grandeur de chaque plaque, entrant les uns dans les autres, et reposant chacun sur la feuillure du plus grand. Ces cadres sont indiqués dans la fig. 14. Quand on veut opérer sur de grandes plaques on enlève tous les cadres intérieurs, et il ne reste que le cadre A A A A portant une feuillure destinée à recevoir la plaque et le verre dépoli. M. Claudet n'opère qu'à plaques nues. Il les iode, les brôme, les place dans la chambre obscure, et de la chambre obscure dans la boîte à mercure, sans qu'elles soient jamais fixées à demeure sur une planchette, comme on le fait généralement. Il a reconnu qu'il était plus commode d'opérer de cette manière, qu'on est moins exposé aux accidents et à la poussière, deux inconvénients difficiles à éviter pendant qu'on fixe la plaque sur une planchette et lorsqu'on la retire. Aussitôt que la plaque est polie, on la place sur l'iode, ensuite sur les substances accélératrices. Après cette opération, M. Claudet met la plaque dans une boîte plate à couvercle, fig. 16, en tournant vers le fond la surface d'argent préparé. La plaque est supportée par des bandes de verre collées tout autour de la boîte; ces bandes ont une hauteur suffisante pour empêcher que la plaque ne touche le fond, qui est recouvert d'une glace. Il est bon, avant de se servir de cette boîte, de s'assurer si elle ne contient ni poussière, ni humidité. Étant toute garnie de verre, il est très-facile de la sécher et de la nettoyer avec un linge. Les bandes de verre qui supportent la plaque sont terminées angulairement d'un côté, voyez la fig. 16, pour permettre de la soulever facilement en appuyant le doigt sur son extrémité *a*.

M. Claudet a adopté le système de plaques nues par une autre raison assez importante et qu'il considère comme une condition essentielle pour bien mettre au foyer : c'est de placer le verre dépoli à nu (c'est-à-dire sans être fixé dans un cadre) sur la feuillure même du cadre de la chambre obscure qui doit recevoir la plaque. Il est évident que, quels que soient les soins qu'on apporte dans la fabrication des appareils, il est fort difficile que le cadre de la planchette, sur laquelle est fixée la plaque, la présente toujours exactement à la même distance de l'objectif que le verre dépoli, lorsqu'il est porté et fixé sur un cadre séparé. En admettant même qu'on se soit assuré, en prenant livraison de son appareil, que les deux cadres présentaient les deux surfaces exactement à la même distance, il est à craindre, au bout d'un certain temps, que le bois de chaque cadre n'ait travaillé dans un sens opposé (1).

Reprenons la description des cadres de la chambre obscure, dont nous nous sommes éloignés pour expliquer leur usage avec plaques nues.

Nous avons dit que le cadre A A A A, fig. 14, est destiné aux grandes plaques; quand on veut opérer sur des demi-plaques on place le cadre B B B B sur la feuil-

---

(1) Le système de M. Claudet nous paraît très-rationnel; nous ne pouvons qu'approuver toutes les précautions qu'il a en vue : quant aux personnes habituées à opérer avec plaques fixées sur des planchettes, nous affirmons qu'il ne sort pas de nos ateliers un seul appareil sans qu'il ait été vérifié dans toutes ces parties.

lure du cadre A A A A, on le fixe au moyen des tourniquets, et l'on ajoute de la même manière le cadre C C C C pour les quarts de plaques, et celui D D D D pour les sixièmes: si l'on voulait opérer sur des plaques d'autres dimensions, il suffirait de faire adapter d'autres cadres de grandeurs correspondantes.

Pour mettre au foyer on place dans l'un des cadres A, B, C ou D un verre dépoli de la dimension de la plaque et on le maintient à sa place au moyen de deux grands ressorts E, E, qui tournent sur une vis, et qu'on amène sur chaque extrémité de la feuille de verre dépoli. Ensuite, après avoir ouvert l'objectif, on fait mouvoir le cadre jusqu'à ce qu'on voie, sur le verre dépoli, l'image la plus nette; on visse alors fortement la tige K L, en tournant la molette M : cette opération force les deux barreaux ou règles F, G, fig. 13, à s'écarter et à appuyer fortement contre les côtés de la chambre obscure, ce qui fixe d'une manière invariable le cadre mobile à la place où on l'a arrêté pour le foyer.

Lorsque le point est ainsi fixé, on enlève le verre dépoli; et l'on met à sa place la plaque préparée, qu'on retire de sa boîte dans la chambre obscure. Il est convenable d'avoir un drap noir qu'on agrafe sur l'ouverture de la chambre obscure, ce qui permet à l'opérateur de soulever la plaque de sa boîte et de la placer sur son cadre au foyer de l'appareil sans l'exposer à la lumière. La plaque est maintenue sur son cadre, comme l'a été le verre dépoli, au moyen des deux ressorts E, E. Lorsque l'opération est terminée, on détourne les deux ressorts en soutenant la plaque et on la remet dans sa boite pour la porter au mercure.

Quant au changement d'objectifs destinés à chaque grandeur de plaques, on l'opère au moyen de planchettes B, fig. 15, sur lesquelles chaque objectif est fixé et qu'on adapte sur la face A A de la chambre obscure; on les fait entrer sur les deux pièces d'arrêt *d, d*, et on les fixe avec la vis C. Il n'y a rien de si simple que ce changement d'objectifs. Ainsi, avec un seul appareil, on peut opérer sur toutes les grandeurs de plaques, entière, demie, quart et sixième, ou tout autres, avec les objectifs destinés à chaque grandeur. La chambre obscure peut contenir la boîte à mercure, la boîte à iode, les objectifs, etc.; avec une seconde petite caisse renfermant la pharmacie, on a donc, sous un volume très-commode, un seul appareil qui fait les opérations de quatre instruments (1).

---

(1) Au moment de mettre sous presse, M. Boquillon nous communique un perfectionnement qu'il propose à l'appareil Claudet. Il consiste, en principe, à substituer aux quatre règles E F G H une caisse complète, occupant tout l'intérieur de la chambre obscure, et qu'on fixe au point, au moyen d'une vis extérieure pressant sur un lardon. Cette condition présente l'avantage de permettre de copier, de grandeur naturelle, des gravures ou d'autres objets de petites dimensions; car il suffit pour cela de retourner la caisse intérieure de manière à mettre en dehors les cadres A B C, et de doubler par ce moyen la distance des plaques à l'objectif : condition nécessaire pour obtenir nettement l'image des objets placés extérieurement à la distance focale de l'objectif.

CHAPITRE II.

COMPARAISON DU PROCÉDÉ PRIMITIF AVEC LE PROCÉDÉ ACTUEL.

Assurément, l'application de la couche sensible, en employant l'eau brômée titrée de M. Fizeau, n'offre pas les mille incertitudes des autres substances accélératrices; mais on ne peut se dissimuler que la première préparation ne soit infiniment plus simple et plus facile. Maintenant que les objectifs doubles permettent d'opérer avec une grande rapidité; s'il s'agit seulement de reproduire un monument, quelques amateurs s'en tiendront à la méthode de M. Daguerre (1). Selon nous, chaque commençant ferait bien de s'exercer à suivre la préparation du maître; mais, afin que les personnes non initiées puissent d'un seul coup d'œil embrasser les différences qui existent dans les deux manières d'opérer, nous allons donner une analyse succincte de l'ancien procédé, et nous mettrons en regard le ré-

(1) Historique et description des procédés du daguerréotype et du diorama, rédigés par Daguerre, 1839, chez Lerebours, opticien de l'Observatoire, place du Pont-Neuf, 13.

sumé de la méthode actuelle : ces tableaux donneront en même temps aux personnes qui n'ont aucune idée du Daguerréotype un aperçu de l'ensemble des opérations.

1° Frotter la plaque à l'huile, la décaper, la chauffer fortement et la bien polir à la ponce ou au tripoli;	1° Polissage de la plaque;
2° Application de la couche d'iode (couleur jaune d'or);	2° Application de la couche d'iode;
3° Exposition de la plaque dans la chambre noire;	3° Exposition de la plaque aux vapeurs de l'eau brômée, ou autre substance accélératrice;
4° Exposition de la plaque aux vapeurs mercurielles;	4° Exposition de la plaque à la chambre noire;
5° Enlevage de la couche sensible dans le bain d'hyposulfite;	5° Exposition aux vapeurs mercurielles;
6° Lavage de la plaque à l'eau distillée bouillante.	6° Enlevage de la couche sensible dans le bain d'hyposulfite;
	7° Fixage au chlorure d'or de M. Fizeau;
	8° Lavage de la plaque à l'eau filtrée ou distillée.

CHAPITRE III.

DU CHOIX DES PLAQUES (1).

Si l'objectif est la partie la plus importante du photographe, les plaques en sont l'accessoire le plus essentiel. Tout le monde sait que les plaques en doublé d'argent, comme les autres ouvrages d'orfévrerie plaquée, doivent porter un numéro indiquant leur titre et le poinçon du fabricant, la loi *est formelle à cet égard* : mais ce que beaucoup de personnes ignorent, c'est que l'ordonnance du 19 brumaire an VI n'est nullement exécutée. Il existe ce qu'on est convenu d'appeler une *tolérance;* cette tolérance primitivement accordée aux fabricants, pour ne pas mettre d'entraves à leur commerce, en exigeant d'eux le titre précis qui peut varier d'une petite

(1) Pour préparer la plaque, on applique une lame mince d'argent bien propre sur une lame de cuivre beaucoup plus épaisse, bien dressée et bien propre, et on enveloppe les deux d'une feuille de cuivre mince; on soumet tout le système à une température rouge-cerise. On facilite l'adhérence des deux métaux en frottant sur leur surface supérieure à l'aide d'un rouleau en fer alors qu'ils sont exposés à l'action de la chaleur, puis on les fait passer immédiatement entre deux rouleaux en acier tournant en sens inverse. Cette opération, le laminage, amincit singulièrement les deux métaux alors soudés et permet de les amener à l'épaisseur voulue; il ne reste plus après cette opération qu'à couper les plaques de grandeur et à les écrouir par le planage.

quantité dans l'étendue d'une planche de doublé, est devenue un véritable abus et, qu'on me pardonne l'expression, la cause de trop nombreuses escroqueries. On était donc convenu d'admettre du trente-cinquième pour du trentième, du vingt-cinquième pour du trentième (ce dernier cas, constatons-le, se présentait bien moins souvent); maintenant ce n'est plus de cela qu'il s'agit : à la faveur de la tolérance dont nous parlons, quelques fabricants plus osés et moins scrupuleux se sont permis de donner du quatre-vingt-dixième pour du trentième ou mieux encore; et afin de mettre, sinon leur délicatesse, du moins leur personne à l'abri de la police correctionnelle, ils se sont dispensés d'y mettre leur poinçon de fabricant. Voilà où on en est venu! Veut-on savoir, maintenant, le prétendu argument sur lequel on s'appuie pour commettre une pareille fraude, c'est uniquement pour soutenir les *intérêts du commerce français*. On prétend que, plusieurs nations n'étant pas tenues de marquer le doublé de son véritable titre, nous ne pouvons soutenir la concurrence qu'en faisant comme elles. Aussi se vend-il journellement de l'orfévrerie plaquée, marquée au dixième, qui n'est véritablement qu'au soixantième (1). Quant aux plaques, il en est résulté que

(1) Cet abus m'en rappelle un autre qu'on me pardonnera de citer quoiqu'il soit tout à fait en dehors de mon sujet, mais parce qu'il tend, aussi bien que le premier, à déprécier à l'étranger les produits français.

Les ports de mer renferment à peu près tous les instruments nécessaires à la navigation. Ainsi, on y trouve un grand nombre de lunettes de mer :

la France, qui pouvait conserver le monopole du commerce des planches de doublé pour la photographie, se trouve déjà avoir une concurrence redoutable en Angleterre. Ne doit-on pas s'affliger de voir ainsi une nouvelle industrie entravée, perdue peut-être tout entière pour notre pays, parce qu'un ou deux fabricants auront voulu trop gagner !

Je reviens à mon sujet : les plaques ne devront donc être achetées que dans une maison qui inspirera une entière confiance. Malgré cela nous engageons les personnes qui les emploient, à les faire essayer le plus souvent qu'elles le pourront. Ces sortes d'articles passant forcément par plusieurs mains, on ne saurait apporter trop de soin à leur examen et à leur vérification.

Pour avoir des plaques susceptibles d'être repo-

---

dans *quelques localités* on vous en offre qui portent des noms de constructeurs anglais; quelques-unes ont un nom français, mais le plus grand nombre, quoique de fabrique française, n'en a pas. Si vous êtes curieux de jeter un coup d'œil à travers ces divers instruments, vous serez surpris de voir que les lunettes anglaises seules sont bonnes ; mais, dans la seconde et la troisième catégorie, il n'y a pas moyen de trouver quelque chose de passable. On vous les présente cependant, comme ce que font de plus parfait les constructeurs français. Pour celui qui a besoin d'une bonne lunette, il n'y a pas à hésiter : il achète donc une lunette signée Dollond, et s'en va répéter à tous qu'il n'y a de bonnes lunettes que celles construites en Angleterre.

Si l'on veut l'explication de ce fait, la voici. Toutes ces lunettes viennent le plus souvent de la même fabrique française ; seulement, le marchand, après les avoir divisées par catégories, fait graver sur les meilleures un nom anglais : cela lui permet d'abord de les vendre beaucoup plus cher. Quant aux autres, il les cote très-bon marché ; mais, comme peu de personnes se décident à acheter une mauvaise lunette, cela lui est parfaitement indifférent.

lies un assez grand nombre de fois, même après avoir été fixées, il faut les prendre au moins au trentième. Pour mon établissement de portraits, je ne faisais employer autrefois que des plaques à ce titre. Mais, depuis quelque temps, d'après l'exemple de M. Claudet, qui m'a dit ne faire usage à Londres que de doublé au dixième, ce titre est non-seulement employé pour un très-grand nombre de portraits faits chez moi, mais aussi d'une manière *exclusive* pour tous les essais. Les commençants et les personnes qui se livrent à des recherches feront, en employant des plaques à ce titre, une notable économie.

Les bonnes plaques doivent avoir un vif éclat métallique; elles doivent être exemptes de piqûres et de poussière, et la moindre trace de cuivre doit les faire rejeter. Un faible trait ou de légères rayures n'empêchent pas d'obtenir une belle épreuve, si, toute fois, ces rayures n'atteignent pas le cuivre; mais on aura soin alors, s'il s'agit d'un portrait, de placer la tête sur la partie de la plaque exempte de défauts.

CHAPITRE IV.

DU POLISSAGE DES PLAQUES.

Si l'on voulait décrire toutes les méthodes proposées pour polir les plaques, il faudrait un volume. Nous nous bornerons à la description suivante, précis exact de notre manière d'opérer. Les préparations que nous faisons subir à la plaque diffèrent essentiellement de celles que nous avions données dans notre dernière édition ; plusieurs résultent de notre propre expérience, quelques-unes, des plus importantes, nous ont été communiquées par M. Claudet.

Les plaques neuves et celles avec épreuve fixée, exigent un travail plus long que les autres. En effet, il faut d'abord, avant de penser à leur donner un beau poli, faire disparaitre, sur les premières, les coups de marteau et la poussière résultant de l'opération du planage ; il faut, sur les autres, mettre l'argent à nu, c'est-à-dire enlever la fixation. Lorsque la feuille de doublé est placée sur la planchette à polir, on la saupoudre d'émeri très-fin, on verse sur sa surface quelques gouttes d'huile d'olive, puis, avec un tampon de coton, on la frotte en rond avec cette pâte pendant cinq à dix minutes ; on essuie avec un nouveau tampon propre, et on répète la même opération, deux, trois ou quatre fois, ou plus, suivant l'état de la plaque : l'émeri formant une sorte de cambouis qui se loge dans les moindres cavités, tous les soins de l'opérateur devront tendre dans les opérations ultérieures à l'en déloger et à vider toutes ces petites cavités; et il en comprendra l'importance, car il est impossible d'obtenir de belles épreuves si la plaque n'est pas parfaitement polie et l'argent entièrement à nu. On doit, après l'avoir bien essuyée, ne plus apercevoir aucune trace du planage, et la surface doit en être bien unie; on remplacera alors l'émeri par le tripoli, qui est un peu plus doux : ce qui la préparera mieux à recevoir le dernier polissage, qui viendra sans difficultés quand la plaque aura été préparée comme il vient d'être dit (1). Pour cela on essuie ses côtés et son revers avec du coton propre, on la fixe sur la planchette, qui aura été préalablement dégraissée à l'esprit-de-vin, ou, mieux encore, sur une seconde planchette à polir qui ne doit servir qu'à cet usage. Ensuite on

(1) On voit qu'il n'est plus question de chauffage des plaques; cette opération, qui les fatigue beaucoup, n'est nécessaire que dans le cas où elles ont des taches de mercure. Relativement au polissage à l'huile dont se dispensent actuellement un grand nombre de personnes, nous pensons qu'*on peut le supprimer entièrement à l'égard des petites plaques, et le remplacer sans inconvénient par un même nombre de polissages à l'alcool.* Parmi les épreuves les plus belles que nous ayons jamais vues, nous pouvons citer celles d'un amateur distingué, M. Eynard, qui a entièrement proscrit l'huile de ses préparations.

saupoudre la plaque de tripoli, on imbibe très-légèrement un tampon de coton bien propre d'un mélange d'esprit-de-vin et d'eau (1) et on la frotte dans un sens longitudinal (2) jusqu'à ce qu'elle devienne entièrement sèche. On répètera une seconde fois la même opération, en remplaçant le tripoli par le rouge, et les défauts qu'elle peut encore avoir deviendront très-apparents au souffle (3).

Un assez grand nombre de personnes saupoudrent, mais *très-légèrement*, la plaque de rouge d'Angleterre, et, avec un nouveau tampon parfaitement propre, elles la frottent encore quelques instants dans le but d'enlever le peu d'humidité qui est restée sur l'argent pendant la dessiccation de l'alcool; d'autres, dans le même but de mettre toujours l'argent à vif, se contentent de la frotter assez fortement, et

---

(1) L'hiver, l'esprit-de-vin pur peut être employé sans inconvénient; mais pendant les fortes chaleurs il s'évapore avec une extrême rapidité, et quelquefois ne donne pas le temps de dégraisser toute la surface de la plaque. L'eau, légèrement acidulée, peut-être employée comme l'a indiqué M. Daguerre; néanmoins, l'alcool nous ayant constamment donné d'excellents résultats, nous le préférons. M. de Nothomb a constaté que l'addition, à l'alcool, d'une petite quantité de potasse caustique donne aux épreuves un ton superbe.

(2) C'est-à-dire de gauche à droite ou d'avant en arrière, mais dans une direction parallèle aux bords de la plaque; en se souvenant, toutefois, que le sens du poli doit être toujours parallèle aux lignes horizontales de l'image *qui doit être faite*.

(3) Afin de s'assurer que la plaque est bien dans les conditions nécessaires pour être iodée, on projettera l'haleine dessus : la teinte mate devra disparaître sans solution de continuité, et le souffle fera apparaître, sous forme de raies blanchâtres, les défauts causés par les ordures contenues dans le coton ; une petite gouttelette de salive ou des restes d'humidité sur la plaque présenteront le caractère opposé. Les traces du mercure auront d'abord ce même aspect, mais, peu après, elles deviendront d'un blanc mat.

avec de nouveaux tampons de coton seul. Cette méthode n'est pas mauvaise, mais elle exige du coton entièrement exempt de graisse et, pour cette raison, nous préférons la première; il faut cependant pour toutes deux, non-seulement employer du coton qui soit bien fin, mais encore avoir soin d'en tirer toutes les petites graines et ordures qu'il renferme toujours en plus ou moins grande quantité, car une seule suffit pour gâter entièrement la plaque au moment où elle va être terminée : ce qui oblige à recommencer le travail à l'alcool et au tripoli. Pour toutes ces dernières opérations, on ne saurait recommander une trop grande propreté; on essuiera souvent la plaque et on ne touchera le coton qu'avec de grandes précautions, de manière que le contact des doigts ne se trouve jamais sur la partie du tampon qui doit frotter la plaque.

Les deux dernières opérations que nous venons de décrire, donnent à la plaque un assez beau poli; mais il est bien inférieur à celui que l'on obtient en exécutant les additions ci-dessous, qu'a bien voulu nous communiquer M. Claudet.

On prend un morceau de velours de coton blanc, qu'on a préalablement dégraissé en le faisant tremper pendant une heure dans un vase neuf contenant de l'eau en ébullition; on fait sécher ce velours sans le toucher avec les doigts, on le coupe de la dimension nécessaire et on le fixe avec des clous sur un manche en bois (v. fig. 2) après avoir mis entre le velours et le bois un ou deux draps pour augmenter la souplesse. On le saupoudre d'une très-petite quantité de rouge, on frotte la plaque quelques instants en rond, puis pour finir, et donner ce que nous appelons le *dernier coup*, on la frotte en long dans le sens du poli qu'on veut obtenir (voyez page 34); par cette opération la plaque acquiert un poli noir de toute beauté (1).

Les plaques terminées de cette manière peuvent (si l'on doit s'en servir le jour même) être mises immédiatement, et avec avantage, sur la boîte à iode. L'élévation de température que donne ce dernier poli tend à faire ioder la plaque plus vite, et la combinaison de cette substance avec l'argent n'en est que plus intime. Lorsqu'elles doivent être gardées plusieurs jours, on les mettra dans une boîte à plaque; ou mieux encore, on les placera deux à deux sur les cadres Claudet, fig. 3, et on les enveloppera avec soin.

C'est ici que doit trouver place la dernière communication de M. Daguerre à l'Institut. Dans son mémoire, comme on le verra ci-après, M. Daguerre indique certaines préparations qui ont la propriété de rendre la plaque deux fois plus sensible. On doit penser si nous nous empressâmes d'expérimenter un procédé qui promettait de pareils résultats, nous y mîmes d'autant plus d'ardeur, que la marche indiquée par M. Daguerre nous semblait on ne peut plus rationnelle, et qu'au premier abord,

(1) Un velours semblable peut être également employé avec succès pour le polissage à l'huile, mais on devra toujours en réserver un bien propre, entièrement exempt de poussière et de graisse, pour le dernier coup.

elle paraît compliquer bien peu l'opération; malheureusement, malgré tous nos soins, l'expérience nous a prouvé, au moins pour les grandes plaques, que le succès était fort incertain; en effet, s'il est incontestable que l'ébullition fait sortir de la feuille de doublé, toutes les impuretés qu'elle renferme, il nous semble que la graisse, s'il en existe, ne sera pas dissoute dans l'eau distillée comme elle le serait, par exemple, dans l'alcool, qui présenterait les mêmes difficultés d'exécution, et dont l'emploi d'un autre côté ne serait pas sans danger : l'habileté du tour de main pour faire glisser l'eau de dessus la plaque en la chassant avec la lampe est la première difficulté qui se présente; la seconde, qui opposera un obstacle dans presque toutes les localités, c'est que l'eau distillée achetée chez divers fabricants de produits chimiques n'est pas assez pure, et laisse toujours en se retirant quelque crasse ou matières organiques. Quoi qu'il en soit, d'autres expérimentateurs plus persévérants pourront réussir mieux que nous; nous donnons donc ci-dessous le procédé tel qu'il a été communiqué à l'Institut (1).

---

(1) *Sur un nouveau procédé de polissage des plaques destinées à recevoir les images photographiques, procédé qui permet d'obtenir des résultats identiques tant que les circonstances extérieures restent les mêmes.* (Lettres de M. DAGUERRE à M. ARAGO.)

« Depuis la publication de mon procédé, je n'ai pu m'en occuper beaucoup. Les recherches auxquelles je me suis livré m'ont entraîné dans une route toute nouvelle, et les expériences qu'elles nécessitent n'ont d'analogie avec les précédentes qu'en ce qu'elles ont aussi lieu sur une plaque de métal. Cependant j'ai été tellement frappé dernièrement des résultats inégaux

M. Daguerre a bien réellement trouvé, quoique beaucoup de personnes en aient douté, le moyen de

---

que présentent en général les épreuves, même celles des personnes qui s'en occupent spécialement, que je me suis décidé à chercher le moyen de remédier à ce grave inconvénient, que j'attribue à deux causes principales :

» La première tient à l'opération du polissage, qu'il est physiquement impossible d'effectuer sans laisser à la surface de la plaque des traces du liquide et des autres substances qui servent à cette opération ; le coton seul que l'on emploie, si propre qu'il puisse être, suffit pour laisser un voile de crasse sur l'argent. Cette première cause constitue déjà un obstacle très-grand au succès de l'épreuve, parce qu'elle retarde l'action photogénique, en empêchant l'iode d'être en contact direct avec l'argent.

» La seconde consiste dans les changements de température de l'air avec lequel la plaque se trouve en contact depuis les premières opérations jusqu'à celle du mercure. On sait que toutes les fois qu'un corps froid se trouve environné d'un air plus chaud, il en condense l'humidité. Il faut attribuer à cet effet la difficulté que l'on éprouve d'opérer dans un milieu humide, surtout lorsqu'on arrive à l'opération du mercure, qui demande, pour s'élever en vapeur convenable, une chaleur d'au moins 50 degrés centigrades.

» Cette vapeur, qui échauffe d'abord l'air contenu dans l'appareil, produit sur le métal une buée qui affaiblit l'image. Il est bien évident que cette couche humide est très-nuisible, puisque si, par exemple, on fait tomber à plusieurs reprises la vapeur de l'haleine sur la plaque sortant de la chambre noire, la vapeur du mercure n'y peut plus faire paraître l'épreuve.

» L'eau qui se condense, *même à la plus légère différence de température* entre la surface d'un corps et l'air environnant, contient une dissolution ou en suspension une matière non volatile. qu'on pourrait appeler *limon atmosphérique;* et dès que l'équilibre de température s'établit entre l'air et la surface du corps, la vapeur humide qui s'y était condensée se volatilise, et y déposant le limon qu'elle contient, va se saturer dans l'air, d'une nouvelle quantité de cette substance impure.

» Pour paralyser le plus possible cet effet, on peut tenir la température de la plaque plus élevée que celle de l'air qui l'environne pendant chacune des opérations. Mais il n'est pas possible de faire que cette chaleur atteigne 50 degrés pour qu'elle soit en rapport avec celle de la vapeur du mercure, puisque si la plaque est exposée à ce degré de chaleur après l'opération de la lumière dans la chambre noire, l'image est altérée.

» J'avais d'abord essayé d'absorber l'humidité de l'air dans la boîte au mercure par les moyens usités, tels que la chaux, etc. ; mais ces moyens sont insuffisants, et ne font que compliquer le procédé sans donner un grand résultat. Un autre moyen qui a été proposé, consiste à vaporiser le mercure

faire de véritables épreuves instantanées, c'est-à-dire qu'il peut reproduire le cheval au galop, l'oi-

---

sous la machine pneumatique; par ce procédé on évite, il est vrai, la buée sur la plaque, mais on supprime la pression de l'air, qui est indispensable à l'épreuve. Aussi les résultats ainsi obtenus manquent-ils toujours de pureté.

» Voici le procédé auquel je me suis arrêté parce qu'il est fort simple et qu'il obvie aux deux inconvénients que j'ai signalés plus haut, c'est-à-dire qu'il débarrasse, autant que possible, l'argent de toute crasse ou limon et qu'il neutralise l'humidité produite par l'élévation de la chaleur dans la boîte au mercure. Par le premier de ces deux effets, il augmente la promptitude, et par le second, il rend les lumières beaucoup plus blanches (surtout par l'application du chlorure d'or de M. Fizeau), ces deux effets sont toujours certains. La promptitude que donne ce procédé est à celle obtenue jusqu'ici comme 3 est à 8; cette proportion est rigoureuse.

» Ce procédé consiste à couvrir la plaque, après l'avoir polie, d'une couche d'eau très-pure, à la chauffer très-fortement avec une lampe à l'esprit-de-vin, et à verser ensuite cette couche d'eau de manière que sa partie supérieure, où surnage le limon qu'elle a soulevé, ne touche pas la plaque.

« *Manière d'opérer.* — Il faut avoir un châssis de fil de fer de la grandeur de la plaque, ayant à un de ses angles un manche, et, au milieu de deux côtés opposés, deux petits crampons pour retenir la plaque quand on l'incline. Après avoir placé sur un plan horizontal ce châssis, on y pose la plaque que l'on couvre d'une couche d'eau très-pure et en mettant autant d'eau que la surface peut en retenir. On chauffe ensuite très-fortement le dessous de la plaque, à la surface de laquelle il se forme de très-petites bulles. Petit à petit, ces bulles deviennent plus grosses et finissent par disparaître; on continue à chauffer jusqu'à faire bouillir et alors on doit faire écouler l'eau. On commence par porter la lampe sous l'angle du châssis où se trouve le manche; mais, avant de soulever le châssis, il faut chauffer très-vivement cet angle, et alors, en soulevant très-peu à l'aide du manche, l'eau commence immédiatement à se retirer. Il faut faire en sorte que la lampe suive, sous la plaque, la nappe d'eau dans sa marche et n'incliner que peu à peu, et juste assez pour que la couche d'eau, en se retirant, ne perde rien de son épaisseur; car si l'eau venait à se dessécher, il resterait des gouttes isolées qui, ne pouvant pas couler, feraient des taches en séchant, puisqu'elles laisseraient sur l'argent le limon qu'elles contiennent. Après cela, il ne faut plus frotter la plaque, dont l'eau bien pure ne détruit pas le poli.

» On ne doit faire cette opération qu'au moment d'ioder la plaque. Pendant qu'elle est encore chaude, on la pose de suite dans la boîte à l'iode, et, sans la laisser refroidir, on la soumet à la vapeur des substances accéléra-

seau au vol, la vague en mouvement, etc. Mais malheureusement, ces épreuves sont faibles et comme voilées, et toute personne qui connaît le caractère persévérant de M. Daguerre ne sera pas surprise qu'il n'ait pas voulu consentir à communiquer cette découverte si extraordinaire qu'elle soit, avant de l'avoir perfectionnée.

M. Fizeau, admettant en principe général que l'altération des substances impressionnables à la lumière était proportionnelle à l'intensité des radiations et au temps d'exposition, est arrivé à cette conséquence que, si, au lieu d'opérer à la chambre noire avec une couche sensible soigneusement préparée à l'abri des radiations, on opère avec une couche déjà légèrement impressionnée jusque près du point où elle deviendrait sensible à la vapeur du mercure (ce qui peut s'obtenir à l'aide d'une lampe à lumière constante), le dessin photographique s'obtiendra en moins de temps, et, en outre, les effets d'ombre et de lumière ne seront plus les mêmes, c'est-à-dire que les rapports entre les intensités des différents points de l'image seront altérés.

En effet, soient i et i' les intensités de deux points de l'image lumineuse, si l'on opère avec une couche non impressionnée, l'altération de ces points sera

---

trices. On peut conserver les plaques ainsi préparées un ou deux jours (quoique la sensibilité diminue un peu), pourvu qu'on place plusieurs plaques ainsi préparées en regard l'une de l'autre, à une très-petite distance et soigneusement enveloppées pour éviter le renouvellement de l'air entre les plaques. »

proportionnelle aux objets qui les ont produits, et le rapport entre les degrés d'altération sera $\frac{i}{i'}$.

Mais si l'on emploie une couche déjà impressionnée uniformément, il est facile de voir que cela équivaut à ajouter une quantité constante de lumière à tous les points de l'image lumineuse; par conséquent si nous appelons *a* cette quantité de lumière, le rapport deviendra $\frac{i+a}{i'+a}$, rapport qui tend vers l'unité à mesure que *a* augmente.

La difficulté de laisser impressionner la couche sensible d'une quantité constante, est la seule difficulté que présente cette méthode.

CHAPITRE V.

DE L'IODAGE (1).

Nous avons donné page 10 la description de nos boîtes à iode ; nous ajouterons seulement ici, pour les personnes qui ont plusieurs appareils de différentes dimensions, qu'elles peuvent se contenter d'une seule boite à iode ; mais alors elles devront se procurer une pièce en glace en forme d'équerre, qui existe dans l'appareil Claudet, et elles la promèneront dans ladite boite jusqu'à ce qu'elle donne un espace convenable pour chaque grandeur de plaque.

Lorsqu'on voudra ioder la plaque nue, on emploiera les châssis vernis qui vont sur chacune de nos cuvettes, en indiquant la grandeur de la plaque.

Si la plaque qui doit être iodée vient d'être passée à l'instant au velours dont nous avons parlé au chapitre du polissage, il n'y restera aucune poussière, et un léger souffle enlèvera les quelques filaments du tissu qui seraient restés à la surface. Si l'on n'a pas de velours à sa disposition, on arrachera une pincée

(1) L'iode se vend sous forme de petites paillettes brillantes, couleur mine de plomb, d'une odeur très-désagréable, *tachant la peau en jaune.* On le retire des cendres de certaines plantes qui croissent sur les bords de la mer

de coton à la carde, et on la promènera très-légèrement sur toute la surface dans le sens adopté pour le poli ; cette opération enlèvera toutes les petites poussières souvent invisibles à l'œil qui ne manqueraient pas de donner une épreuve criblée de petits points noirs.

La plaque étant donc dans les conditions que nous venons d'indiquer, on la placera sur la boîte à iode, et après quelques instants d'exposition, on consultera sa couleur ; si l'on s'apercevait qu'elle prît plus de couleur d'un côté que de l'autre, on la retournerait sans craindre en aucune façon l'action de la lumière ; et pour remédier à cet inconvénient qui provient de ce que l'iode s'est accumulé dans certaines parties de la carde, on le répartira plus uniformément dans celle-ci, ou bien on la changera entièrement.

Chaque fois qu'on retournera le carton de la boîte à iode, on devra avoir le soin d'essuyer avec du coton l'épaisseur du châssis et la surface des bandes de verre qui reposent sur le carton ; on évitera par là la tendance de l'iode à se porter toujours vers les bords de la plaque : on remédiera encore à ce même inconvénient en réunissant, au milieu de la carde de coton, une plus grande quantité de parcelles d'iode.

Le moyen le plus commode, pour bien apprécier la nuance, consiste à faire réfléchir, sur la surface de la plaque, un morceau de papier blanc, lorsqu'elle aura atteint la nuance la plus convenable (1), le pa-

(1) Nous savons bien que nos grandes plaques fixées sur leur plan-

pier considéré ainsi par réflexion devra paraître dans la plaque d'une couleur jaune très-foncé (1), commençant à devenir, mais *très-légèrement*, rose (2).

---

chette courbe acquerront une teinte un peu plus foncée aux bords courbés que sur le reste de la surface ; mais le brôme se fixera aussi en plus grande quantité à ces mêmes parties: de sorte qu'en définitive, la sensibilité sera à *très-peu près* la même dans toute son étendue. Cette légère différence sera néanmoins très-favorable à l'effet du tableau, et toute personne un peu artiste comprendra de suite notre raisonnement. On sait que les épreuves iodées au *jaune d'or un peu clair* et amenées par le brome à la teinte *rose très-léger*, ont des blancs très-intenses et des noirs très-vigoureux. On sait aussi que si l'on emploie une couche d'iode plus épaisse et qu'on applique sur celle-ci une teinte de brôme proportionnelle, de manière à obtenir une teinte *rose-vif*, les oppositions sont moins tranchées et l'épreuve a plus de douceur; c'est ce que chacun a pu remarquer. Il résulte donc de la courbure de la plaque : que les parties extrêmes du tableau ont plus d'harmonie, et que tout l'effet est réservé pour la partie centrale; c'est précisément là une des lois suivies par tous les bons artistes.

(1) On sait que, comme les minces lames d'air, tous les corps transparents déposés en couches excessivement minces reflètent des couleurs qui varient suivant l'épaisseur qu'elles ont; on peut indiquer, comme loi générale, l'ordre suivant qui a, comme on voit, plus d'un rapport avec les couleurs prismatiques. *Jaune* paille, jaune foncé ou *orangé*, rose plus ou moins foncé ou *rouge*, *violet*, *bleu* d'acier et *indigo* (ces deux dernières se confondent), et enfin *vert*. Après cette couleur, la plaque redevient jaune-clair et continue à passer successivement, une deuxième fois, sauf quelques altérations, par toutes les nuances déjà citées.

(2) Nous avons indiqué cette nuance parce que c'est celle qui convient le mieux avec l'emploi de l'eau brômée. Sans doute une plaque iodée jaune très-clair, ou jusqu'au violet, pourra, dans quelques cas, après avoir été brômée *proportionnellement*, donner une belle épreuve ; mais nous avons dû indiquer les circonstances les plus favorables.

M. Buron est l'un des premiers qui ait indiqué cette même nuance.

CHAPITRE VI.

DE L'EMPLOI DE L'EAU BROMÉE (1).

Nous avons déjà dit que nous n'étions pas exclusifs sur le mode de polissage; nous ne le sommes pas davantage quant au choix de la substance accélératrice: néanmoins, si on nous demande notre opinion, nous dirons que nous préférons l'eau brômée, *dosée*, à toute autre substance; cette préférence est fondée sur sa stabilité et sur la facilité avec laquelle elle *procure toujours et sans tâtonnements le maximum de sensibilité*. Sans doute le bromure d'iode et une foule d'autres composés peuvent souvent donner d'aussi beaux résultats; mais que d'essais infructueux avant d'obtenir ce maximum de sensibilité tant désiré, que de soins pour le conserver pendant plusieurs jours après l'avoir trouvé (2) !

Nous avons dû dans cette édition conserver l'ex-

---

(1) Le brôme est un liquide rouge, très-volatil, délétère au plus haut degré, qu'on extrait de l'eau des salines après en avoir retiré tout le sel. C'est en raison de la grande analogie qui existe entre ce corps et l'iode que l'on a eu l'idée de l'employer dans la daguerréotypie.

(2) Nous devons cependant excepter la liqueur hongroise, dont nous parlerons dans la troisième partie.

cellent mémoire de M. Fizeau sur l'emploi de l'eau brômée (1).

Le lecteur y trouvera des avis indispensables pour quiconque veut se rendre compte des phénomènes photographiques.

Les cuvettes plates, dont nous n'avions proposé l'emploi qu'avec une certaine timidité dans notre dernière édition, étant devenues d'un usage général, nous n'insisterons pas sur les avantages qu'elles présentent et sur leur extrême simplicité; nous ajoutons actuellement à chacune de ces cuvettes un cadre verni qui permet de recevoir la plaque nue.

Nous engagerons à employer, pour le dosage, les flacons divisés d'eau saturée (2), dont sont pourvus tous nos appareils. Nous croyons qu'ils remplaceront avec avantage les pipettes en verre, qui sont très-fragiles et dont l'usage est difficile et désagréable.

Chacune des divisions de ces flacons correspond au quarantième du flacon destiné à contenir l'eau brômée titrée. Il suffira donc de verser dans ces derniers, après les avoir préalablement remplis d'eau (3), la quantité de liquide contenue entre

---

(1) On trouvera, dans la troisième partie, la composition et l'emploi de toutes les autres substances accélératrices.

(2) On prépare cette dissolution en secouant fortement dans un flacon de l'eau pure avec assez de brôme pour qu'après une forte agitation, il en reste un excès au fond du flacon. Voyez pour plus de détails les notes de M. Fizeau, chapitre XVIII.

(3) M. Fizeau a trouvé qu'il était indifférent qu'on employât des eaux soit de source, soit de rivière, pourvu qu'on eût le soin d'y ajouter cinq ou six gouttes d'acide nitrique par litre (voyez ses notes, chapitre XVIII).

deux divisions du premier flacon, et l'on aura toujours de l'eau brômée au quarantième (1).

On écartera la glace vers l'un des angles de la cuvette et l'on versera le liquide dosé jusqu'à ce qu'il couvre seulement le fond, avec une épaisseur de deux à trois lignes (2). On ramènera de suite la glace, de manière que l'évaporation dure le moins possible; au bout de quelques instants on placera la plaque déjà iodée *jaune-foncé* (3) sur la cuvette, et on la recouvrira vivement de la glace. La durée de l'exposition à la vapeur du brôme doit varier suivant la distance de la plaque au liquide; mais pour nos cuvettes de diverses dimensions ce temps est compris entre 12 et 40 secondes. On comprend, au reste, qu'il suffit de cinq à six essais une fois faits, pour déterminer d'une manière invariable le temps d'exposition nécessaire à chaque grandeur; et, comme cette dissolution au même titre est obtenue facile-

(1) Nous avons adopté le titre du quarantième, parce qu'ayant fait usage avec nos cuvettes, d'eau brômée au trentième, le temps d'exposition pendant les grandes chaleurs, se trouvait si court qu'on avait à peine le temps de compter quelques secondes. Cet inconvénient, qui n'en est un, au reste, qu'à cause des accidents qui résultent inévitablement de ce qu'on veut trop se presser, disparaît en titrant l'eau au quarantième.

(2) Pour avoir des effets identiques, il faut verser chaque fois dans la cuvette une quantité constante d'eau brômée : on pourra donc la transvaser dans un flacon à très-large ouverture, qui servira de mesure; ou encore, pour ne pas s'exposer à une double évaporation, on plongera dans le flacon l'extrémité effilée d'une forte seringue en verre sur laquelle on pourra établir des remarques correspondant à la capacité de la cuvette, ou mieux encore, et c'est la méthode que nous suivons, on établira des repères sur le flacon d'eau titrée.

(3) Si l'on iodait trop clair, on s'exposerait à avoir des tons bleus.

ment, on devra la renouveler à chaque épreuve. On évitera avec grand soin que le jour ne vienne frapper la plaque lorsqu'on la retirera de dessus le brôme pour la placer sur son châssis (1). Pour éviter cet inconvénient, il sera bon de placer le châssis à terre à côté de la cuvette.

Il est donc impossible de préciser le temps exact que doit durer l'exposition de la plaque au-dessus de l'eau brômée; cela dépend de la quantité plus ou moins grande versée dans la cuvette : la température vient bien aussi y apporter quelques modifications, mais elles ont si peu d'importance qu'on peut les négliger. En moyenne, nous avons trouvé qu'en couvrant un peu plus ou un peu moins le fond des cuvettes d'eau titrée *au quarantième* et par diverses températures, il fallait : pour les sixièmes, 10 à 15 secondes d'exposition; pour les quarts, 15 à 20 secondes; pour les demi, 25 à 35 secondes; pour les plaques entières, 40 à 50 secondes.

On comprend qu'avec une quantité constante et à moins de *températures excessives*, les résultats seront *entièrement identiques*.

---

(1) Une longue pratique indiquera les modifications à apporter au temps d'exposition de la plaque au-dessus de la cuvette, lorsque l'on veut conserver dans celle-ci la même dissolution d'eau brômée. Cette méthode, toute praticable qu'elle est, sera toujours une voie de tâtonnements, nous engageons donc, avec instance, à changer la dissolution pour chaque épreuve; autrement, il vaut mieux renoncer franchement à l'eau brômée et opérer d'après la couleur de la couche sensible comme pour le bromure d'iode, la liqueur hongroise, etc. Voy. chapitre XVIII.

CHAPITRE VII.

EXPOSITION A LA CHAMBRE NOIRE.

Il existe diverses méthodes de disposer la chambre noire pour obtenir une épreuve. Par exemple, on doit, après avoir fait choix du point de vue, en examinant la manière dont il se compose sur la glace dépolie, laisser le pied en place, emporter la chambre noire dans la pièce sombre servant à passer au brôme, et la rapporter, sur le pied, garnie de la plaque sensible. Il va sans dire que la chambre noire doit être fixée très-solidement sur son pied, et que, soit à l'aide de la crémaillère, soit par la vérification des repères du tiroir, on s'est bien assuré, avant de commencer une opération, que l'image est parfaitement nette. Si l'on emploie une table, on établira des repères qui serviront de nouveau à la placer dans la première direction. L'expérimentateur devra s'exercer à opérer sans le secours de la glace dépolie, et la grande habitude lui fera découvrir immédiatement ce qu'il peut y avoir de désagréable dans la pose; il apprendra de même à diriger son appareil de manière que la tête se trouve sur telle ou telle partie de la plaque ; pour cela, il suffit tout simplement de viser par les deux arêtes supérieures de la boîte, et de placer à égale distance de ces deux projections, l'objet qui doit occuper le milieu du tableau. Pour déterminer l'inclinaison, on agira d'une manière tout à fait analogue.

D'autres personnes commencent par diriger leur appareil, et quand elles ont bien arrêté leur sujet sur la glace dépolie, elles retirent celle-ci et lui substituent le châssis qui porte la plaque. Le volet sera ouvert avec beaucoup de précaution, afin de ne pas mettre en mouvement par une secousse ou un fort courant d'air, les poussières contenues dans la chambre noire (1); enfin, il ne restera plus qu'à ouvrir l'obturateur et à le fermer après quelques secondes. C'est ici que se présente, pour les commençants, une véritable difficulté; comme rien n'est visible, il leur est impossible de préciser avec justesse le temps que doit durer l'exposition à la chambre noire, mais avec un peu d'habitude ils parviennent à l'apprécier. On se rappellera que l'exposition dépend en grande partie de l'intensité de

---

(1) Pour éviter ces poussières qui produisent une foule de piqûres noirs sur l'image, il faut avoir le soin de bien essuyer l'intérieur de la chambre noire, ainsi que toutes les rainures des volets. Si, pour prendre une vue, on transportait plusieurs plaques préparées dans leurs châssis, on aurait soin d'envelopper ceux-ci dans une étoffe qui ne renfermât pas elle-même de poussière, par exemple une toile cirée, et en suivant les recommandations que nous avons données plus haut pour ouvrir et fermer le volet, on évitera ces petites taches qui suffisent pour ôter à une belle épreuve toute sa valeur.

lumière de l'objet qu'on veut reproduire; ainsi, dans le midi de la France, en Italie, en Égypte, on opèrera, toutes circonstances étant égales d'ailleurs, bien plus rapidement que dans le nord; il faudra aussi tenir compte, avec un même appareil, l'ouverture restant constante, de la couleur de l'objet à reproduire (1), de la *teinte* et de l'*intensité* de la lumière solaire (2). Si les appareils et les ouvertures sont dissemblables, il faudra ajouter à ces causes d'incertitude la différence résultant des disproportions de longueur focale et d'ouvertures de diaphragmes (3). Tout cela, au premier abord, semble bien effrayant, mais en réalité cela se borne à quelques épreuves d'essai; et une fois qu'on aura acquis un peu d'expérience et l'habitude d'un même appareil, on réussira presque toujours à apprécier le temps convenable du premier coup (4).

(1) Toutes les couleurs ne sont pas également photogéniques. Ainsi les jaunes de chrôme, le vert P. Véronèse, le vermillon, trois des couleurs les plus brillantes de la palette des peintres, n'ont presque aucune action sur la plaque sensible; les bleus, les violets, les laques, ont au contraire une action très-énergique. Nous avons fait, à ce sujet, un grand nombre d'expériences que nous publierons probablement plus tard.

(2) L'intensité photogénique décroît d'une manière considérable à mesure que le soleil s'approche de l'horizon. Ainsi, par une belle journée d'été sans nuage, il faudra à midi, avec un appareil sixième à un seul objectif, une fraction de seconde, à 6 heures du soir il faudra 3 ou 4 secondes, et à 7 heures, au moment où les objets sont encore inondés par la lumière chaude du soleil couchant, il ne faudra pas moins de 15 à 20 secondes.

(3) Encore ici négligeons-nous de faire entrer en ligne de compte la plus ou moins grande sensibilité de la plaque, qui variera bien peu il est vrai, si l'on suit sans s'en écarter, la méthode prescrite par M. Fizeau.

(4) Ci-contre, nous donnons quelques *indications* sur la durée de l'exposition avec différents appareils :

ÉTAT DE L'ATMOSPHÈRE.	DURÉE DE L'EXPOSITION.				
	Avec 1/6e	Avec 1/4	Avec 1/2	Plaques normales.	Plaques de 0 m. 24 sur 0 m. 32.
	Secondes.	Secondes.	Secondes.	Secondes.	Minutes.
Ciel voilé par des nuages blancs. Tourné vers le nord...	2 à 4	10 à 15	15 à 20	20 à 50	1/2 à 2
Ciel voilé par des nuages blancs. Tourné vers le midi...	1 à 2	5 à 10	10 à 15	15 à 30	20 à 60
Sur une terrasse découverte.............	1 à 2	5 à 12	10 à 20	20 à 40	1 à 1 1/2
Le modèle éclairé par le soleil.	Une fraction de seconde.	1 à 4	3 à 6	6 à 10	15 à 20"

En supposant que l'on manquât la première épreuve, on en ferait une seconde immédiatement, et l'on sera à peu près certain pour celle-ci d'arriver juste. Voici à quels signes on reconnaîtra si l'on est resté trop, ou trop peu de temps. L'épreuve est entièrement *brûlée* ou *solarisée*; lorsque tous les objets représentés sont apparents, mais avec des intensités inverses de celles qu'ils ont dans la nature; c'est-à-dire que les blancs sont devenus bleuâtres, et que les parties qui devaient être noires sont plus ou moins blanches. Elle ne sera pas restée assez lorsque les parties les plus éclairées *seules*, seront reproduites *très-nettement*, et lorsque les autres objets seront sans détails et trop noirs ou ne seront pas venus du tout. Ceci diffère, comme on voit, de ce qui a été imprimé et répété plusieurs fois : « Si l'exposition à la lumière n'avait pas été assez prolongée, l'épreuve serait vague et ses contours indéterminés, les détails mal venus et l'*image comme entourée d'un voile.* »

L'obturateur une fois fermé, on prendra les mêmes soins que pour l'y placer, pour retirer la plaque de la chambre noire, et on la transportera dans la chambre à mercure.

CHAPITRE VIII.

EXPOSITION AU MERCURE (1).

La boîte à mercure doit être placée autant que possible dans une pièce obscure, et dans tous les cas on mettra à contre-jour le devant de la boîte garni d'un verre blanc.

L'épreuve ayant été mise dans la boîte, on chauffera le mercure avec la lampe jusqu'à ce que le thermomètre indique environ 45° (2), puis on la retirera, et il continuera à monter à peu près jusqu'à 55 à 60 degrés.

Après quelques minutes d'exposition, on appli-

(1) Le mercure se trouve dans la nature à l'état du liquide, on le reretire ainsi d'une pierre rouge, appelée cinabre. On connaît le mercure sous le nom de *vif-argent :* vif, parce que si on le jette à terre il se divise en petites gouttes qui courent en tout sens; argent, à cause de sa couleur. Il attaque l'or et l'argent, il faut donc éviter de le toucher avec des bagues ou autres objets d'or et d'argent. Si par malheur une bague était tachée par le mercure, il faudrait la chauffer; le mercure s'en irait en vapeur. Si la bague était détruite, il ne faudrait pas perdre le mercure dont il est possible de retirer le métal précieux qui n'a perdu alors que sa forme.

(2) Nous indiquons la marche du thermomètre seulement pour les commençants. Un peu d'habitude fera facilement apprécier le degré de chaleur convenable : il faut appliquer la main sous la capsule aussitôt que la lampe est retirée; si la chaleur est douce, on devra réchauffer de nouveau quelques instants. Le point le plus convenable, suivant nous, est celui où

quera une bougie contre le verre jaune *u v x*, fig. 8, et l'on assistera si l'on veut, après avoir soulevé le drap *r s* en regardant à travers la glace blanche *pq*, à la formation de l'image. Lorsque l'effet sera produit, ce qui aura lieu environ au bout de dix minutes, on chauffera une seconde fois de la même manière; et suivant l'état de l'épreuve cette opération pourra être recommencée trois à quatre fois; l'épreuve gagnera beaucoup à rester long-temps au mercure; cependant aussitôt qu'on verra apparaître le *cendré* sur les noirs, on s'empressera de la retirer (1).

---

la main reçoit une impression de chaleur assez vive pour être désagréable si elle était maintenue en contact, mais cependant sans brûler.

Plusieurs personnes ont l'habitude de chauffer le mercure avant de placer l'épreuve dans la boîte; cette méthode n'est pas mauvaise, mais nous ne lui avons reconnu aucun avantage.

(1) L'exposition de la plaque aux vapeurs mercurielles n'est qu'une question de temps, car si on laisse pendant une heure ou plus, dans la boîte à mercure, des épreuves pour lesquelles on aurait dû rechauffer plusieurs fois, elles viendront tout aussi bien. M. Claudet d'ailleurs a constaté que, sous la machine pneumatique, à la température de 10° centigrades, une épreuve était parfaitement mercurée en un quart d'heure (*).

(*) Différentes préparations ont été indiquées pour remplacer le mercure, dont le transport est difficile et dont le contact est si préjudiciable aux planches de doublé.

M. de Brebisson a proposé de le renfermer dans un nouet de toile serrée, qu'il place dans la capsule; on chauffe ensuite comme à l'ordinaire.

M. Charbonnier voulait le remplacer par le nitrate ammoniacal de mercure.

M. de Nothomb, que nous avons déjà eu l'occasion de citer plusieurs fois, a obtenu, à notre connaissance, de très-belles épreuves avec du calomel, protochlorure de mercure. Il a fait part de ce procédé à l'Institut en 1842.

M. Soleil et d'autres personnes ont employé divers alliages fusibles; mais aujourd'hui tous ces moyens sont abandonnés par le plus grand nombre d'opérateurs.

CHAPITRE IX.

LAVAGE A L'HYPOSULFITE (1).

Dans la plupart des brochures publiées, on a indiqué des proportions beaucoup trop faibles d'hyposulfite ; il en est résulté que beaucoup d'expérimentateurs nous ont adressé des questions pour savoir qu'elle pouvait être la cause de ces nombreuses taches bleuâtres et laiteuses qui apparaissent quand on passe l'épreuve au chlorure d'or. Nous pensons qu'une proportion fixe est entièrement inutile, et qu'il peut y avoir excès d'hyposulfite sans que cela entraîne aucun inconvénient ; mais, comme nous l'avons dit plus haut, il n'en serait pas de même si la dissolution était trop faible.

Voici la formule à laquelle nous nous sommes arrêtés.

Nous plaçons sur un flacon d'un litre d'eau distillée, un entonnoir en verre garni de papier à filtrer ;

---

(1) *Hyposulfite de soude*. C'est un beau sel blanc comme du cristal, qui a la propriété de dissoudre l'iodure d'argent produit par l'action de l'iode sur la plaque daguerrienne. On le prépare dans les fabriques de produits chimiques.

nous mettons dans celui-ci 100 grammes d'hyposulfite cristallisé, et nous versons dessus, une certaine quantité d'eau que nous renouvelons avec celle du flacon, chaque fois que le filtre se trouve à sec. Lorsque le flacon est rempli, il est rare qu'il reste encore des cristaux, et la dissolution qu'il contient se trouve au degré de saturation convenable et toute filtrée.

Nous nous occuperons d'abord du lavage des grandes plaques : s'il s'agit de les fixer immédiatement après, on ne pourra suivre de meilleurs préceptes que ceux donnés par M. Fizeau (voyez chapitre X).

Si l'on veut se contenter d'enlever la couche sensible, on devra plonger l'épreuve dans une bassine qui contiendra de l'eau filtrée, et on l'en retirera, en la prenant par ses épaisseurs et en la portant à plat pour la plonger dans la seconde bassine, qui devra contenir la hauteur d'un centimètre de dissolution d'hyposulfite, préparée comme nous avons dit plus haut; aussitôt après on agitera la dissolution, et la couche d'iodure d'argent devra disparaître entièrement en peu de secondes. On la plongera dans la première bassine, on l'agitera afin d'entraîner les petits cristaux d'hyposulfite, on la retirera et, toujours en la tenant avec les deux mains par les épaisseurs, on la posera sur le séchoir (fig. 9), et l'on versera dessus de l'eau distillée bouillante, ou tout simplement, si l'on n'est pas pressé, de l'eau distillée froide, on la laissera sécher d'elle-même en la posant presque droite sur l'un de ses angles dans une pièce où elle sera à l'abri de la poussière.

Le lavage des plaques de petite dimension est beaucoup plus simple. Pour y procéder: on verse dans une assiette à fond plat, un demi verre ordinaire de dissolution d'hyposulfite, on amène la presque totalité du liquide d'un côté en inclinant l'assiette, puis au moment où on lance de l'autre main l'épreuve sur le fond, on amène l'assiette dans une inclinaison inverse, de manière que le liquide, en revenant, couvre rapidement et d'un seul coup toute la surface de l'image. On l'agite quelques instants; et quand la couche d'iodure d'argent est enlevée on prend la plaque par un des angles inférieurs, on verse dessus de l'eau filtrée, puis s'approchant de la lampe à esprit-de-vin on sèche un des angles supérieurs, on saisit alors avec l'index et le pouce la partie sèche, puis on reverse de l'eau dessus, en ayant soin qu'elle n'atteigne pas les doigts, et promenant la lampe dessous, en même temps qu'on hâte l'évaporation avec le souffle, on finit promptement de la sécher (1).

Si l'épreuve doit être fixée de suite, on se contentera, en la retirant de l'hyposulfite, de la laver à grande eau et de la placer sur le pied à fixer, fig. 10.

---

(1) Les personnes qui craindraient de se brûler le bout des doigts, peuvent saisir la planche avec une petite pince plate, ou bien, s'il s'agit d'une grande plaque, on pourra la mettre sur une sorte de fourchette dont l'idée première appartient à M. de Brebisson.

CHAPITRE X.

FIXAGE AU CHLORURE D'OR.

De toutes les découvertes ou perfectionnements signalés depuis la découverte de M. Daguerre, le plus important de tous est, sans contredit, l'application du chlorure d'or que l'on doit à M. Fizeau.

Reprenons notre petite plaque. Nous l'avions sortie dans le chapitre précédent de la dissolution d'hyposulfite et lavée à grande eau ; nous la plaçons à présent toute mouillée sur le pied à fixer, mis de niveau auparavant, et nous versons autant de dissolution de chlorure d'or que la plaque peut en recevoir. On chauffe à la lampe en la promenant sous *toutes les parties de la plaque;* l'image commence par s'obscurcir, puis une ou deux minutes après, elle acquiert une grande intensité ; ce dernier effet sera toujours accompagné du dégagement de petites bulles ; on cesse alors de chauffer (1), on lave la plaque à grande eau et

(1) Il est bon de se servir d'une lampe assez forte pour que l'effet soit produit en peu de minutes. Si après un premier chauffage on trouvait l'épreuve susceptible de gagner encore en intensité, on pourrait la chauffer de nouveau, mais cela est rarement nécessaire, et souvent, en voulant avoir

on la sèche comme nous l'avons indiqué dans le chapitre précédent. Si on opère sur de grandes plaques, le mieux sera de suivre à la lettre la description de M. Fizeau que nous transcrivons ci-dessous.

« Depuis la publication des procédés photogéniques, tout le monde, et M. Daguerre le premier, a reconnu que quelques pas restaient encore à faire pour donner à ses merveilleuses images toute la perfection possible : je veux parler de fixer les épreuves et de donner aux lumières du tableau plus d'intensité.

» Le procédé que je soumets à l'Académie me paraît destiné à résoudre en grande partie ce double problème ; il consiste à traiter à chaud les épreuves par un sel d'or préparé de la manière suivante :

» On dissout un gramme de chlorure d'or dans un demi-litre d'eau pure, trois grammes d'hyposulfite de soude dans un demi-litre d'eau pure (1). On verse alors la dissolution d'or dans celle de soude, peu à peu et en agitant : la liqueur mixte, d'abord

---

trop bien, on s'expose, si l'on chauffe avec persistance en certaines parties, à voir le liquide quitter la plaque au-dessus de la flamme et faire inévitablement une tache, ou bien à voir les noirs se voiler, ou bien encore la couche d'argent s'exfolier tout d'un coup et se détacher par petites pellicules : l'épreuve est alors entièrement perdue, mais la planche de doublé peut encore être repolie.

(1) Ces proportions ne réussissent qu'avec des produits très-purs, M. Fizeau a indiqué les proportions suivantes, qui réussissent plus constamment avec les produits du commerce : 1 gramme de chlorure d'or dans 800 grammes d'eau, et 4 grammes d'hyposulfite de soude dans 200 grammes d'eau.

légèrement jaunâtre, ne tarde pas à devenir parfaitement limpide. Elle paraît consister alors en un hyposulfite double de soude et d'or, plus du sel marin qui ne paraît jouer aucun rôle dans l'opération.

» Pour traiter une épreuve par ce sel d'or, il faut que la surface du plaqué soit parfaitement exempte de corps étrangers, et surtout de corps gras; il faut, par conséquent, qu'elle ait été lavée avec quelques précautions que l'on néglige lorsque l'on veut s'arrêter au lavage ordinaire.

» La manière suivante réussit le plus constamment. L'épreuve étant encore tout iodée, mais exempte de poussière et de corps gras sur les deux surfaces et les épaisseurs, on verse quelques gouttes d'alcool sur la surface iodée : quand l'alcool a humecté toute la surface, on plonge la plaque dans la bassine d'eau, puis de là dans la solution d'hyposulfite. Cette solution doit être renouvelée à chaque épreuve, et contenir environ une partie de sel pour quinze d'eau; le reste du lavage s'effectue comme d'ordinaire, seulement l'eau de lavage doit être, autant que possible, exempte de poussière.

» L'emploi de l'alcool a eu simplement pour but de faire adhérer parfaitement l'eau à toute la surface de la plaque, et d'empêcher qu'elle ne se retirât sur les bords au moment des diverses immersions; ce qui produirait infailliblement des taches.

» Quand une épreuve a été lavée avec ces précautions, fût-elle fort ancienne, le traitement par le sel d'or est de la plus grande simplicité : il suffit de placer la plaque sur le châssis en fil de fer qui se trouve dans tous les appareils, de verser dessus une couche de sel d'or suffisante pour que la plaque en soit entièrement couverte, et de chauffer avec une forte lampe; on voit alors l'épreuve s'éclaircir et prendre, en une minute ou deux, une grande vigueur. Quand l'effet est produit, il faut verser le liquide, laver la plaque et faire sécher.

» Dans cette opération, de l'argent s'est dissous, et de l'or s'est précipité sur l'argent et sur le mercure, mais avec des résultats bien différents. En effet, l'argent, qui par son miroitage forme les noirs du tableau, est en quelque sorte bruni par la mince couche d'or qui le couvre, d'où résulte un renforcement dans les noirs; le mercure, au contraire, qui, à l'état de globules infiniment petits, forme les blancs, augmente de solidité et d'éclat par son amalgame avec l'or, d'où résultent une fixité plus grande et un remarquable accroissement dans les lumières de l'image. »

RÉSUMÉ DE LA PREMIÈRE PARTIE.

On aura soin de n'acheter que des plaques de bonne qualité, au moins au véritable trentième. Elles seront polies avec le plus grand soin, comme il a été dit, et on se rappellera qu'il vaut mieux recommencer un polissage que d'opérer sur une plaque d'une préparation défectueuse; avant de mettre la plaque sur l'iode on aura soin d'enlever toutes les poussières qui pourraient adhérer à sa surface, et on surveillera avec soin le reste de l'opération, consultant souvent la teinte et retournant la plaque dans la boîte pour avoir cette teinte uniforme et épier le moment où elle devient jaune d'or. Si elle venait avec des nuances verdâtres et voilées, il faudrait immédiatement la mettre au rebut, pour être frottée de nouveau; car ce serait la preuve que la plaque est empoisonnée de mercure, ou bien qu'une ancienne épreuve n'a pas été enlevée, ou bien encore qu'il y reste des traces de fixation.

S'il s'écoulait quelques instants avant de mettre la plaque iodée sur la cuvette qui contient l'eau brômée, et que quelques poussières s'y fussent fixées, il faudrait promener à sa surface avec une précaution infinie, pour les en chasser, l'extrémité flexible d'une poignée de coton arrachée à une carde, car chacune de ces poussière se trouvant saturée d'iode continue à agir autour d'elle, dans un rayon d'autant plus grand qu'elle est plus volumineuse, et annule par conséquent dans cette étendue les effets de la substance accélératrice.

Si l'on emploie l'eau brômée on se conformera à tout ce qui a été dit ; car si l'on se contentait de l'étendre d'eau en se guidant sur la couleur ou que l'on voulût faire servir plusieurs fois la même dissolution, ou bien enfin que l'on en versât dans la cuvette une plus ou moins grande quantité, on serait loin d'obtenir des résultats identiques, et on ferait bien mieux alors d'opérer d'après la couleur de la couche sensible en l'amenant à la couleur rose, soit avec le bromure d'iode, soit avec la liqueur hongroise, soit même avec l'eau brômée.

On aura grand soin que dans le passage de la substance accélératrice à la chambre noire, la plaque ne reçoive aucun rayon de lumière.

Nous ne pouvons établir de règle pour la durée de l'exposition à la chambre obscure; mais, si l'élève tient compte de toutes les circonstances qui modifient cette opération, quélques expériences suffiront pour lui faire acquérir une assez grande habileté.

On ajustera toujours au foyer, avec un grand soin, ou l'on apportera, si l'on se sert de repères, beaucoup d'attention à ce que le tiroir se trouve bien vis-à-vis de la division qui correspond à la distance de l'objet. On n'omettra pas, si l'objet à reproduire est très-inégalement éclairé, de masquer soit avec le rideau en drap, soit avec unè étoffe noire, la partie la plus lumineuse. En retirant la plaque de la chambre noire, on prendra, pour la garantir de la lumière et de la poussière, les mêmes précautions qu'en l'y mettant.

L'exposition au mercure devra durer au moins vingt minutes et quelquefois plus; néanmoins, on retirera l'épreuve aussitôt que l'on apercevra que les noirs commencent à se cendrer; en général, nous engageons à chauffer peu, mais souvent. Dans le commencement on devra consulter le thermomètre; mais une fois qu'on saura apprécier à la main le degré de chaleur convenable, on fera mieux de s'en passer. On aura soin que la lumière ne vienne point frapper l'image avant qu'elle ne soit bien mercurée; pour cela, on ne soulèvera le rideau noir qui couvre la vitre qu'après plusieurs minutes et alors qu'on supposera déjà l'image formée.

Le lavage et le fixage au chlorure d'or pourront se faire en n'omettant rien de ce que nous avons indiqué dans les chapitres IX et X. Le dernier lavage, après avoir fixé l'épreuve, peut être fait simplement à l'eau filtrée; mais pour les grandes plaques on fera bien de suivre exactement les procédés de M. Fizeau.

L'encadrement de la plaque a aussi une certaine importance pour son effet; quoique l'on ait généralement adopté des passe-partout à fonds blancs, nous trouvons que ces encadrements, d'assez bon goût du reste lorsqu'ils sont bien exécutés, nuisent singulièrement à l'effet du dessin photographique. En effet, l'échelle de tons de ces images est extrêmement bornée, elle varie du noir à un blanc plus ou moins gris; n'est-ce donc pas l'écraser que de l'entourer d'un immense placard d'un blanc éclatant? les cadres en velours un peu foncés, ceux dorés, les passe-partout garnis d'un fond un peu sombre feront infiniment mieux.

FIN DE LA PREMIÈRE PARTIE

DEUXIÈME PARTIE.

CHAPITRE XII.

DU PORTRAIT.

Lorsque l'admirable découverte de M. Daguerre fut publiée, les gens du monde de tous les pays l'accueillirent avec empressement. Les artistes seulement se partagèrent en deux camps. Les uns ne virent dans les premiers essais qu'une reproduction sèche et froide de la nature, entièrement nulle sous le rapport de l'art. Les autres admirèrent d'abord l'exactitude des masses unie à une merveilleuse précision de détails; puis cette admirable dégradation des teintes qui fait de ces tableaux des chefs-d'œuvre inimitables. Mais une préoccupation importante s'empara alors de tous les esprits : pourra-t-on jamais faire le portrait au Daguerréotype? Cette question évidemment se rattachait à celle-ci : Pourra-t-on jamais opérer assez vite pour saisir, à l'ombre, dans un temps très-court, la physionomie habituelle d'une personne? Nous l'avouerons avec franchise, les portraits que l'on faisait alors, ceux que l'on fit pendant bien long-temps, ne donnaient guère d'espoir, même aux partisans les plus passionnés. En effet, il s'agissait alors tout simplement de poser vingt-cinq minutes, les yeux ouverts en plein soleil. Quelques adeptes eurent ce courage, mais on comprend que c'était un dévouement inutile. Au lieu de portraits on retrouvait sur la plaque des figures de suppliciés.

Il y a trois ans nous présentâmes des Daguerréotypes dits à portrait (1); par des courbures nouvelles et par un raccourcissement considérable du foyer, ces appareils opéraient à l'ombre en deux minutes. C'était, comme on voit, un immense progrès; mais de là à l'instantanéité il y avait encore un abîme! Bientôt après, l'application du chlorure d'iode, par M. Claudet, vint donner une nouvelle impulsion à la photographie. Selon le vœu de l'auteur de cette découverte, nous nous empressâmes de la rendre publique par la voie de l'Académie des sciences; dès lors on put sérieusement songer à reproduire un visage humain : on fit avec ce nouveau procédé de fort belles épreuves, des portraits magnifiques, parfaitement ressemblants, auxquels il ne manquait trop souvent qu'une

---

(1) Le vice de construction des premiers appareils pour la reproduction des portraits une fois reconnu, on ne tarda pas à y apporter remède en adoptant des objectifs d'un foyer très-raccourci. MM. Lerebours et Buron paraissent être les premiers qui aient songé à cette innovation. Grâce à ce perfectionnement, la concentration des rayons lumineux dans la chambre obscure augmenta d'intensité, et la durée de l'exposition au soleil fut réduite à trois ou quatre minutes. (Traité de Daguerréotype, par un amateur.)

seule chose, l'*expression*, c'est-à-dire *tout*. Néanmoins, les établissements pour faire les portraits prirent une extension immense : dans toutes les grandes villes on s'occupa de faire le portrait au Daguerréotype ; et ce qui surprendra sans doute quelques personnes, c'est que dans la ville de Londres les deux seuls établissements de ce genre firent plusieurs fois en une seule journée jusqu'à 1,500 francs de recette.

Toutefois, l'avenir du portrait au Daguerréotype faillit être compromis par les spécimens cadavéreux qui, de toutes parts, étaient mis en exhibition. L'idée seule d'un portrait au Daguerréotype entraînait avec elle quelque chose de repoussant. Aussi, rencontrons-nous encore chaque jour des personnes qui sont toutes surprises, tout émerveillées, quand elles voient nos spécimens. C'est qu'en effet une belle épreuve faite rapidement avec un bon objectif, réunit l'expression, la ressemblance, les finesses de détail obtenues sans nuire aux masses, la correction des lignes, c'est-à-dire toutes les perfections de l'art (1).

---

(1) Malgré ces admirables résultats, qui auraient été à peine croyables si on les avait obtenus de prime abord, et s'ils n'étaient pas le fruit de découvertes successives et d'un travail persévérant, les portraits protographiques, qui comptent un si grand nombre de partisans, ont aussi leurs détracteurs.

Quelques-uns, étrangers à la peinture et au dessin, ignorant la théorie des ombres, celle du clair-obscur et les lois de la perspective, ne pourront jamais comprendre qu'on puisse obtenir quelque effet sans le coloris. Ils ne tiennent aucun compte de cette admirable dégradation des teintes, de cette perfection de modelé, de cette pureté de contours qui font tout le charme des œuvres photographiques. En un mot, la reproduction la plus exacte de la nature est sans aucun prix à leurs yeux si elle se présente dépourvue de ses couleurs. Cette classe d'adversaires est malheureusement

DU CHOIX DE L'APPAREIL.

Beaucoup de personnes étant embarrassées sur le système et la dimension de l'appareil dont elles veulent faire l'acquisition, quelques avis ne seront pas inutiles.

Si l'appareil est destiné à faire le portrait presque exclusivement, on devra, surtout si la personne veut en faire une spéculation, se déterminer pour un appareil sixième à un seul objectif achromatique. C'est,

---

plus nombreuse qu'on ne le pense, mais nous n'avons pas à faire leur éducation artistique.

Quelques autres ne veulent voir dans les images daguerriennes qu'une représentation de la nature, fidèle à la vérité, mais froide, insignifiante et dénuée de ce souffle divin qui fait tout le talent de l'artiste et le mérite des œuvres d'art. Les portraits qu'on exécute chaque jour et où l'harmonie de la pose s'unit à l'expression de la figure, sont là pour leur répondre. Il est vrai qu'on voit encore exposés grand nombre de portraits photographiques désespérants sous le rapport de l'art, mais les chefs-d'œuvres des Rubens et des Raphaël cessent-ils d'être admirés depuis qu'il existe tant de peintres d'enseignes ?

Mais le plus terrible ennemi que le daguerréotype ait eu à combattre est sans contredit la vanité humaine. Lorsqu'on se fait peindre par les moyens ordinaires, la main complaisante d'un artiste sait adoucir les traits un peu rudes de la physionomie, assouplir la roideur du maintien et donner à l'ensemble de la grâce et de la dignité. C'est en cela surtout que consiste le talent du peintre de portraits ; on lui demande bien la ressemblance, mais on veut avant tout paraître beau, deux exigences souvent incompatibles.

Il n'en est pas ainsi de l'artiste photographique ; inhabile à corriger les imperfections de la nature, ses portraits ont malheureusement le défaut d'être souvent trop ressemblants, ce sont en quelque sorte des *miroirs permanents* où l'amour-propre ne trouve pas toujours son compte. (Traité de Daguerréotype par un amateur.)

nous l'avons déjà dit, de tous les appareils celui qui opère le plus rapidement. Si l'on trouvait cette dimension trop exiguë, il faudrait avoir recours à l'appareil à double objectif pour quart de plaque. Ce sont là les deux grandeurs le plus généralement employées (1).

Les personnes qui ne reculeront pas devant une dépense assez considérable et qui se sentiront assez de persévérance pour ne pas se laisser décourager par les difficultés plus grandes que présentent les plaques demi ou normales, seront amplement dédommagées des peines qu'elles auraient prises, par les beaux portraits en pied, et les magnifiques groupes qu'on peut obtenir sur ces grandes dimensions.

DE LA LOCALITÉ.

La rapidité avec laquelle on opère permet actuellement de faire le portrait dans toutes les localités et par tous les temps possibles; néanmoins, on devra toujours chercher à se placer dans les conditions les plus favorables.

Pour obtenir des épreuves avec la rapidité que

---

(1) Dimensions des plaques pour tous les appareils :

Appareil normal, plaques de	0,16 sur 0,22	(6 p. sur 8).
Idem. 1/2 plaque.	0,12 — 0,16	(4 p. 1/2 sur 6).
Idem. 1/4 —	0,08 — 0,11	(3 p. sur 4).
Idem. 1/6 —	0,07 — 0,08	(2 p. 1/2 sur 3).

nous avons signalée dans les chapitres précédents : on devra se placer sur une terrasse, en évitant l'exposition aux rayons directs du soleil, dont on se garantira par des gazes ou par des écrans. Dans tous les cas, le modèle devra toujours être un peu plus éclairé d'un côté que de l'autre, et il sera placé au-dessous d'une espèce de toit, soit en étoffe, soit en matière solide, de manière que le dessus de la tête et le front ne soient pas trop vivement éclairés. Avec les précautions indiquées ci-dessus, les modèles, recevant de tous côtés de la lumière diffuse, seront exempts de la dureté inséparable des portraits faits au soleil.

Pour faire le portrait dans l'intérieur d'une chambre, on se placera à quelques pieds d'une haute fenêtre, l'appareil étant établi contre celle-ci : dans les localités où les murs sont foncés, on disposera un ou plusieurs draps blancs, de manière à refléter la lumière sur le modèle. Les portraits ainsi obtenus peuvent être éclairés soit de face ou de côté, suivant le goût de l'artiste; ils ont en général plus de modelé que ceux faits en plein air (1).

Il est impossible de déterminer d'une manière précise la durée de l'exposition; les personnes qui voudront en avoir une idée peuvent consulter le chapitre VII. On se guidera, bien entendu, sur ce qui a été dit précédemment; mais on remarquera

(1) L'appui pour la tête, sauf le cas où l'on opère instantanément au soleil, est *indispensable* si l'on veut obtenir un portrait parfaitement net.

que, dans l'intérieur, la lumière arrivant par une seule fenêtre plus ou moins éloignée, cette ouverture est bien minime comparée à l'étendue d'un demi-horizon et à un angle d'au moins quatre-vingts degrés; espace du ciel découvert, dans les portraits faits sur une terrasse ou dans un jardin (1).

Les portraits obtenus au soleil auront de fortes oppositions, une grande vigueur dans le modelé; on pourra, avec cette vive lumière, obtenir des groupes délicieux pleins de vie et de mouvement. Ils seront, comme on voit, précieux pour les artistes sous plus d'un rapport; mais, en général, ils plairont rarement comme portraits, car bien peu de personnes peuvent supporter une pareille lumière sans grimacer (2). Aussi ne les citons-nous que comme des exceptions.

Au reste, quelle que soit la lumière employée, nous recommandons instamment aux amateurs, et

---

(1) Un exemple pris au château des Tuileries peut donner une idée de la différence de temps pour un portrait pris à l'intérieur et à l'extérieur. Lorsque nous fûmes admis, M. Claudet et moi, à faire le portrait du roi et d'une partie de de la famille royale, le temps était voilé par des nuages blancs extrêmement lumineux. A deux mètres de distance des fenêtres immenses qui donnent sur le jardin (c'est-à-dire au couchant), il nous fallait avec les appareils 1/4 à double objectif, 85 secondes. Toutes les circonstances restant les mêmes, mais en plein air, sur la terrasse de Philibert de Lorme, 15 secondes nous suffisaient. Aussi, produisîmes-nous, à cette exposition, plusieurs bons portraits en moins d'un quart d'heure.

(2) Beaucoup de personnes ne peuvent poser sur une terrasse, même par un ciel nuageux; aussi, notre pavillon en verre bleu nous est-il d'une grande ressource pour les vues faibles, et pour opérer par un temps de vent et de pluie. Toutefois, les vitres bleues ne sont pas indispensables, et on arrive à produire les mêmes effets avec des tentures légères de même couleur.

bien plus encore aux personnes qui feront du portrait au Daguerréotype un objet de spéculation, d'éclairer convenablement leur modèle et surtout de lui faire prendre une pose non-seulement heureuse et naturelle, mais encore de choisir celle qui lui est la plus favorable (1). Le sentiment artistique est ici de la plus grande importance, car les deux plus grandes difficultés pour faire de bons portraits résident, selon nous (l'instrument et les matières premières étant, bien entendu, de première qualité), dans la bonne préparation des plaques et dans l'heureux arrangement du modèle.

Comme règle générale: si l'on fait un buste, on devra placer l'appareil à peu près à la hauteur des yeux; il en résultera que le crâne, la partie intellectuelle de la tête, acquerra un léger développement. Quelques physionomies demandent à être vues de face, le plus grand nombre de trois quarts, tandis que d'autres, fort belles de profil, n'auraient aucun charme dans les deux premières positions.

Pour éviter la fixité désagréable qui existe souvent dans les yeux lorsqu'on considère un point approché, la personne devra *regarder vaguement* un objet éloigné; si, pendant la durée de la pose, l'esprit

---

(1) Pour les appareils 1/6 et tous ceux à très-court foyer, on veillera à ce que toute la figure se trouve autant que possible dans un même plan. Les jambes devront être tournées de côté afin d'éviter des pieds et des genoux disproportionnés. Par la même raison, on évitera de mettre les mains trop en avant, ce qui les rendrait énormes. Ces défauts, au reste, ne sont apparents, même avec les appareils à court foyer, que quand on opère de trop près.

est activement occupé d'une pensée sérieuse ou agréable, suivant l'expression que l'on voudra avoir, mais en ne se préoccupant nullement de l'objet vers lequel les yeux seront tournés, le portrait sera plein d'animation et d'intelligence.

DES VÊTEMENTS ET DES FONDS.

Dans les premiers temps de l'invention du Daguerréotype, l'un des plus forts arguments des détracteurs de la découverte était d'insister sur le petit nombre de cas, pour ainsi dire exceptionnels, dans lesquels il était applicable.

En effet, pour prendre la vue générale d'une ville, celle d'un monument, il fallait qu'ils fussent éclairés d'une manière à peu près uniforme; sans cela, les parties sombres n'étaient pas encore *venues*, lorsque les parties blanches, éclairées par le soleil, se trouvaient *passées*. C'est pour cette même cause qu'on ne pouvait jamais obtenir le portrait complet d'une personne qui avait un gilet blanc avec un habit noir. Heureusement, au fur et à mesure que l'on a présenté des substances accélératrices, ces substances se sont trouvées douées de la propriété singulière d'amoindrir proportionnellement la différence d'action qui existait entre deux corps différemment éclairés ou de couleur différente. Ainsi aujourd'hui, dans les vues que nous prenons au soleil en une fraction de seconde avec les appareils 1/6e, les nuages, les monuments et les arbres sont représentés tous à la fois et chacun suivant sa valeur.

D'après ce qui précède, on conçoit que le choix d'un fond, la couleur des habits n'ont plus actuellement la même importance qu'autrefois (1). Néanmoins, comme règle générale, on adoptera pour vêtements, des couleurs sombres; les robes de soie et de satin donneront de très-beaux reflets, et celles écossaises seront reproduites avec des teintes variées qui rappelleront, en quelque sorte, leurs couleurs (2). Le seul inconvénient des étoffes claires ou blanches, c'est de faire paraître par opposition le visage plus noir qu'il n'est réellement. Néanmoins, on aurait grand tort de les proscrire entièrement, car des collerettes légères, en blonde ou en guipure, produiront de fort jolis effets.

On adoptera un fond qui se détache en lumière sur les vêtements, mais qui vienne cependant moins clair que le visage; sans cela, celui-ci paraîtrait noir. Les fonds que nous conseillons, suivant le teint des

---

(1) Nous avons vu, il y a quelques jours, entre les mains de M. Eynard, le plus beau groupe sur grande plaque qui ait jamais été produit. Les frais du fond étaient faits par la nature, c'étaient des arbustes parmi lesquels plusieurs sapins; l'un des personnages était entièrement vêtu de noir, et une dame avait un chapeau blanc. Eh bien, non seulement rien n'était brûlé ou solarisé, mais *tout était venu à point.*

(2) Lorsque les vêtements sont foncés, il faut se servir du drap noir *abcd*, fig. 6, on l'abaisse devant l'objectif, de manière à ne plus laisser pénétrer dans celui-ci les faisceaux de lumière qui arrivent du visage et de la chemise, mais seulement ceux de la partie inférieure; l'expérience indiquera quelle doit être la prolongation de l'exposition pour cette partie du tableau.

personnes, sont les suivants : blanc-jaunâtre, gris-clair et gris très-foncé (1); on comprend que d'autres teintes peuvent être tout aussi bonnes. Par exemple, une vieille couverture de laine procurera un excellent fond, soit qu'on la tende et qu'on y accroche quelques tableaux pour meubler, soit qu'on la drape comme un rideau, ou qu'on la laisse tomber naturellement. On fera bien pour un portrait en pied d'ajouter quelques meubles d'une jolie forme, tels qu'un petit guéridon, et l'on disposera dessus, soit des livres, des cristaux, un vase de fleurs ou des objets d'art.

Voilà pour les fonds unis; mais toutes les fois qu'il sera possible de se procurer un fond représentant, soit un paysage, soit un intérieur d'appartement, on devra l'adopter de préférence, car s'il est convenablement exécuté, c'est-à-dire dans une teinte sourde, laissant, par conséquent, au portrait qui se trouve au premier plan, les vigueurs et les lumières intenses, l'effet sera extrêmement harmonieux, le portrait se détachera admirablement, il semblera, pour me servir de l'expression vulgaire, sortir du fond.

C'est M. Claudet qui le premier a eu l'heureuse idée de placer ainsi des fonds peints derrière les personnes. On peut avoir ainsi plusieurs toiles représentant divers sujets, tels que paysage, intérieur de salon, cabinet de travail, etc.

---

(1) Celui-ci pour les personnes excessivement blondes, les vieillards et les dames qui auraient un bonnet ou un chapeau blanc.

DU COLORIAGE DES PORTRAITS.

Parviendra-t-on jamais à reproduire les couleurs avec le Daguerréotype? Voilà une question qui a bien vivement préoccupé, non-seulement les photographes, mais même le public. Nous croyons qu'il serait téméraire de fonder quelque espoir sur la solution de ce problème, qui, s'il est jamais résolu, le sera vraisemblablement par un heureux hasard (1).

---

(1) On s'est demandé si, après avoir obtenu avec le Daguerréotype les plus admirables dégradations des teintes, on n'arrivera pas à lui faire produire les couleurs : à substituer, en un mot, des tableaux aux sortes de gravures à l'*aqua-tinta* qu'on engendre maintenant.

Ce problème sera résolu le jour où l'on aura découvert UNE *seule et même* substance, que les rayons rouges coloreront en rouge, les rayons jaunes en jaune, les rayons bleus en bleu, etc. M. *Niepce* signalait déjà les effets de cette nature où, suivant moi, le phénomène des anneaux colorés jouait quelque rôle. Peut-être en était-il de même du *rouge* et du *violet*, que *Subeck* obtenait simultanément sur le chlorure d'argent, aux deux extrémités du spectre. M. *Quetelet* vient de me communiquer une lettre dans laquelle *sir John Herschel* annonce que son papier sensible, ayant été exposé à un *spectre solaire* très-vif, offrait ensuite toutes les couleurs prismatiques, le rouge excepté. En présence de ces faits, il serait certainement hasardé d'affirmer que les couleurs naturelles des objets ne seront jamais reproduites dans les images photogéniques.

M. *Daguerre*, pendant ses premières expériences de phosphorescence, ayant découvert une poudre qui émettait une lueur rouge après que la lumière rouge l'avait frappée, une autre poudre à laquelle le bleu communiquait une phosphorescence bleue, une troisième poudre qui, dans les mêmes circonstances, devenait lumineuse en vert par l'action de la lumière verte, mêla ces poudres mécaniquement, et obtint ainsi un composé unique qui devenait rouge dans le rouge, vert dans le vert et bleu dans le bleu. Peut-être en opérant de même, en mêlant diverses résines, arrivera-t-on à engendrer un vernis où chaque lumière imprimera, non plus phosphoriquement, mais photogéniquement sa couleur? (Notes de M. Arago.)

Combien de fois les journaux ont-ils annoncé : On assure que M. un tel de telle ville vient de trouver les couleurs au Daguerréotype ! Combien d'expérimentateurs, quelques-uns de bonne foi, ont pensé avoir fait une découverte, parce qu'ils avaient obtenu deux ou trois tons différents sur une ou plusieurs épreuves! Cela provenait simplement, comme tout le monde a pu le remarquer, de ce que les objets les plus lumineux étaient devenus d'un ton bleu, tandis que d'autres, venus à point, étaient restés blancs ou bistrés.

Dans ces derniers temps, plusieurs personnes ont annoncé pouvoir faire des portraits avec les couleurs. Il eût été plus exact de dire que, les portraits une fois faits, on les coloriait après coup.

Plusieurs brevets ont été pris, il ne nous appartient pas de nous prononcer sur ce que leur droit peut avoir de contestable; nous nous contenterons de les signaler.

Le premier de M. Laicky est rédigé d'une façon tellement mystérieuse que nous avouons avec franchise n'avoir pu le comprendre. Il paraît toutefois résulter d'applications de couleurs à l'aquarelle, appliquées par certains tours de main.

Le procédé de M. Léotard de Leuze consiste à verser sur la plaque une dissolution de gomme ou d'amidon cuit au bain-marie et à y faire adhérer une membrane transparente, telle qu'une baudruche ou un papier végétal ; puis on applique sur cette membrane des couleurs délayées avec de l'esprit-de-vin et de la gomme, ou bien avec du vernis blanc et de l'alun.

M. C. Chevalier a donné une méthode que nous allons indiquer. Avant de fixer le verre qui doit protéger un portrait, il faut l'appliquer sur l'épreuve exactement dans la position qu'il doit occuper et calquer sur sa face extérieure la silhouette du buste entier et le trait de diverses parties de la face opposée, et avec des couleurs transparentes (1), des teintes plates correspondant, autant que possible, à celles des parties qu'elles doivent représenter; lorsque la peinture est bien sèche, on fixe la glace et on efface le calque. Les teintes et les demi-teintes de l'épreuve visibles à travers les couleurs transparentes leur communiqueront les nuances qui leur manquent, et l'on obtiendra un effet à peu près semblable à celui que produisent les lithographies coloriées.

Voici le procédé non breveté qui nous a été communiqué par M. Claudet.

On broie des couleurs en poudres impalpables, comme pour l'aquarelle; ces couleurs sont écrasées de nouveau avec de l'esprit-de-vin, et lorsqu'elles sont sèches on les pulvérise avec une molette en verre.

Pour donner le premier ton au portrait, on plonge un pinceau très-fin dans l'esprit-de-vin, on prend avec un peu de couleur de la teinte convenable, mais très-peu, et on l'applique sur la plaque. Cette

---

(1) On se servira des couleurs dont on fait usage pour peindre les verres de fantasmagorie.

première couche doit être très-légère, et il vaut mieux y revenir à deux ou trois fois que de mettre en une seule fois, une quantité de couleur qui ferait tache, et que l'on aurait beaucoup de peine à enlever. Cette première opération est destinée à faire happer la couleur en poudre que l'on applique ensuite avec un pinceau sec.

Ce procédé, tout simple qu'il est, demande quelques notions de peinture ; car, mis en usage *par des artistes*, il donne des résultats *toujours inférieurs* à une très-belle épreuve ; à plus forte raison si une personne qui ne sait pas dessiner se contente d'appliquer un peu de rose sur les joues, sur les lèvres, etc. ; cela devient à notre avis entièrement mauvais.

Si nous nous sommes aussi étendu sur ce sujet, c'est uniquement à cause de l'intérêt que beaucoup de personnes y attachent. Quant à nous, nous ne sommes nullement partisan de cette opération ; et nous trouvons que faire enluminer par une main humaine une image photographique, c'est la même chose que de faire retoucher une miniature de madame de Mirbel par un peintre d'enseignes.

CHAPITRE XIII.

DES INTÉRIEURS.

On est convenu de donner le nom d'intérieurs aux planches qui représentent des groupes d'objets d'art, tels que meubles, plâtres, bronzes, cristaux, étoffes, armures, objets d'histoire naturelle, etc. La première condition, pour avoir un résultat satisfaisant, est de savoir les grouper avec goût; cela ne peut s'apprendre, mais il est des conditions de succès qui peuvent s'indiquer; comme nous nous sommes très-peu occupés de ces reproductions, nous aurons souvent recours aux notes de M. Hubert.

« Pour obtenir une bonne reproduction des objets en question, il faut choisir un temps nuageux avec éclaircies, et si, pendant une partie de l'opération, on est assez heureux pour avoir le soleil direct, le dessin sera très-harmonieux; les ombres portées, au lieu d'être noires, auront une transparence parfaite, car les détails auront eu le temps de s'y former à la lumière diffuse, et le coup de soleil suffira pour donner les touches les plus brillantes.

» Peu de personnes ayant à leur disposition des

collections d'armures en fer, de vases en bronze, de chapiteaux en pierre ou en marbre, des sculptures en bois, etc.; elles pourront, avec de simples plâtres teints, se procurer à peu de frais les trésors de nos musées. C'est ainsi que, pour ma part, j'ai converti en matière précieuse de vrais plâtras, en les barbouillant seulement avec de l'eau teintée, car il n'est pas nécessaire de teindre l'objet que l'on veut copier avec le ton exact qu'il aurait dans la nature; il suffit seulement de lui appliquer une couleur ayant une valeur relative à celle que l'on veut représenter. L'on peut, par exemple, employer indifféremment le vert ou le rouge pour avoir les mêmes valeurs de tons dans l'épreuve.

» Les cristaux unis ou taillés, les vases en verre ou en cristal, à moitié remplis d'eau ou de liquides colorés, l'eau tranquille employée comme mirage, les objets d'art en bronze, or ou argent, ceux d'un noir ou d'un rouge très-foncés, mais vernis ou polis comme les vases étrusques, sont on ne peut plus favorables dans ce cas, par les contrastes qu'ils introduisent et par les jeux de réfraction de lumière résultant des surfaces polies ou vernies, du mirage de l'eau et des liquides, et du scintillement des cristaux.

» Les sujets composés entièrement de plâtres ou de draperies blanches sont plus faciles à faire, mais ils deviennent monotones, souvent sans modelé et sans effet; il vaut donc mieux, dans certains cas, introduire des objets plus ou moins teintés, et obtenir ainsi, par contraste et en resserrant la lumière, des noirs et des blancs plus intenses.

» Les compositions doivent être disposées dans un atelier sans clôture pour les côtés d'où arrive la lumière, et placées, autant que possible, sur un chevalet tournant, afin de pouvoir choisir le mode d'éclairage le plus convenable. En exposant ces objets entièrement à l'extérieur, souvent il arrive que la lumière du soleil, combinée avec celle d'un ciel bleu très-lumineux, détruit une partie des modelés. Il est donc préférable pour les objets portatifs que l'on veut copier avec de beaux modelés et des effets piquants, de ne faire arriver la lumière que d'un seul côté.

» La lumière naturellement diffuse, avec écho de lumière vive, n'ayant pas toujours lieu pour les éclairages comme on le désire, il m'est souvent arrivé, par un temps nuageux, lorsque le soleil paraissait plus que je n'en avais besoin, d'empêcher momentanément l'action de la lumière, en couvrant, jusqu'à ce que le nuage fût arrivé, l'objectif avec son diaphragme rendu bien mobile, ou, pour plus de précaution, avec mon mouchoir.

» L'on obtient aussi de très-jolis effets lorsque, pendant l'opération entière, le soleil, légèrement voilé soit par des nuages, soit par des brouillards qu'il traverse, a encore assez de force pour établir des ombres. Dans ce cas, les lumières n'étant pas trop vives, l'opération peut durer plus long-temps, et les détails dans l'ombre ont le temps de se faire.

» Le hasard m'a fourni aussi des moyens d'introduire des effets de lumière très-piquants que je n'aurais jamais pu imaginer. Je veux parler d'une ombre vague et légère qui concentrait la lumière sur un certain point de composition, quoique la totalité fût éclairée en plein soleil; elle provenait de l'extrémité d'une branche très-légère, dépouillée de ses feuilles, et interposée entre le soleil et l'objet qu'il éclairait. Il était impossible d'apercevoir sur la composition la moindre trace de forme d'ombre, ni même de différence de lumière résultant de l'interposition de ce corps léger à plus de 45 mètres de distance, et cependant, cet effet était très-sensible dans l'épreuve qui a été recommencée quatre jours de suite à la même heure et toujours de même.

» Pour agir comme dans les circonstances d'un temps voilé par des nuages avec écho de lumière, il faut, par un beau soleil, employer une gaze très-fine, mais cependant avec des fils assez écartés pour laisser pénétrer un peu de lumière directe du soleil; et quand l'opération est presque finie pour les parties dans l'ombre, on enlève le châssis, et on laisse le soleil redonner les touches blanches où elles sont nécessaires. »

CHAPITRE XIV.

DES ACADÉMIES.

Ce que nous venons de dire de la reproduction des objets d'art peut parfaitement s'appliquer aux académies. Pour celles-ci, à défaut d'études sérieuses de l'art, il faut un goût artistique bien prononcé, car le choix des poses présente de nombreuses difficultés.

Plus que pour toute autre reproduction, il ne faudra pas se placer trop près du modèle, et autant que possible on évitera que les diverses parties du corps soient à des distances trop différentes de l'objectif.

On sera sobre d'accessoires, car une grande simplicité ajoute souvent au mérite d'un pareil tableau. On préférera donc de belles tentures d'un ton sourd, largement drapées, à un fond d'un dessin très-éclatant.

Les premières académies que nous fîmes il y a deux ans eurent quelque succès, et le plus grand nombre se trouve entre les mains des premiers artistes; nous nous proposons d'en faire de nouvelles incessamment.

Pour toutes ces reproductions et pour les groupes de plusieurs personnes qui demandent à être parfaits, on ne se contentera pas d'ajuster au foyer d'après les repères, mais on examinera à plusieurs reprises l'image sur la glace dépolie; on s'assurera par là du bon effet général, et souvent on découvrira une foule de détails peu heureux, qui eussent échappé en regardant le tableau directement.

CHAPITRE XV.

DES VUES.

Nous comprenons sous cette dénomination les épreuves qui représentent, soit un monument, une vue générale ou un paysage. Pour les opérations préliminaires, on se conformera à ce qui a été dit au commencement du chapitre VII. Pour une vue d'un horizon étendu, ou pour la reproduction d'un paysage, on se gardera bien d'ajuster au point de vue sur les lointains : on réservera, au contraire, toute la netteté pour les premiers et seconds plans. La manière de se placer a une bien grande importance sur le résultat. Pour un monument, on se reculera, toutes les fois que le terrain le permettra, à une distance double de sa plus grande dimension ; l'on évitera par là qu'il paraisse comme écrasé sur la plaque par le manque d'air. On aura soin de s'élever au moins au tiers de la hauteur totale de l'édifice, car sans cela, pour l'avoir en totalité, il faudrait incliner la chambre noire ; et alors les lignes verticales, qui devraient être d'aplomb et parallèles entre elles, iraient, comme le dit M. Hubert, concourir à un point accidentel céleste, et sembleraient faire tomber le monument à la renverse (1).

On évitera, autant que possible, de reproduire un monument ancien d'une teinte colorée en même temps qu'une construction neuve. Le temps nécessaire pour reproduire le premier, excédant de beaucoup celui nécessaire pour la construction moderne, il s'ensuivrait que celle-ci serait plus ou moins passée; néanmoins, quand le cas se présentera, on pourra éluder la difficulté en faisant usage du drap noir que nous engageons à placer devant tous les appareils. En effet, si la partie la plus éclairée du tableau se trouve à droite, il sera facile avec le drap d'empêcher les rayons qui émanent de cette partie d'arriver jusqu'à l'objectif. On pourra avoir recours à cet expédient dans une foule de circonstances;

---

(1) « Il est certaines vues qu'il est difficile et presque impossible de représenter, ce sont celles où l'on est forcé de se placer près d'un objet composé de plusieurs plans très-prononcés. Dans ce cas, s'il s'agit d'un monument ou d'un site intéressant dont on ait besoin d'obtenir tous les détails avec exactitude, le meilleur parti à prendre est, sans changer la chambre noire de position, de faire plusieurs épreuves, en variant le foyer pour les divers plans qu'on veut obtenir.

» Mais si l'on n'avait que le temps de faire une seule épreuve, dans ce cas il faudrait choisir le point le plus intéressant du tableau pour fixer le foyer, dût-on avoir du vague pour les autres plans.

» Je pourrais appuyer ce conseil, en disant qu'en agissant ainsi l'on suivrait la méthode qu'ont adoptée, après de nombreuses observations de la nature, des artistes très-distingués, qui, pour attirer l'œil du spectateur sur la scène la plus intéressante de leur tableau, y consacrent tout leur talent, en négligeant à dessein ce qui n'est qu'accessoire*. » (Notes de M. Hubert.)

* On voit que l'opinion de M. Hubert est d'accord avec celle que nous avons exprimée page 43, relativement à l'effet que l'on doit chercher à produire dans un tableau.

l'emploi en sera même *presque toujours* indispensable lorsqu'on voudra masquer le ciel pendant une partie de l'opération et l'empêcher de passer ; on ne manquera pas, par exemple, de l'employer toutes les fois qu'on voudra obtenir la reproduction de beaux groupes de nuages. A défaut de drap noir, on peut faire usage d'un mouchoir *rouge ;* il nous est même souvent arrivé à la campagne d'employer une feuille d'arbre, verte et épaisse, dont la forme s'adapte quelquefois *parfaitement* à la partie que l'on veut masquer. Les premières fois, pour bien se rendre compte de ce qui se passe et ne pas agir au hasard, on observera l'effet produit, sur la glace dépolie.

C'est principalement dans la reproduction des paysages, que l'on est souvent obligé de masquer certaines parties du tableau, et cela se comprend : il arrive souvent qu'on veut faire une étude d'arbre, ou bien que l'image est formée de deux zones bien distinctes : le terrain d'une part, couvert de végétations, et le ciel de l'autre. Or, on sait que les couleurs vertes sont les plus longues et les plus difficiles à venir, tandis que le ciel vient avec une rapidité extrême. Dans le premier cas, nous nous sommes souvent servis avec succès d'une feuille dentelée qui masquait la totalité du ciel et qui donnait à l'arbre dont on voulait avoir la reproduction le temps de venir. Dans le second, l'emploi du rideau pour masquer le ciel est extrêmement facile et commode ; il suffira de l'élever entièrement pour la première partie de l'opération et de l'abaisser jusqu'à la ligne d'horizon, ou on le balancera jusqu'à ce qu'on ferme entièrement l'obturateur. Dans les vues de glaciers, de montagnes couvertes de neige, il est impossible d'obtenir le moindre effet si l'on n'emploie l'écran.

CHAPITRE XVI.

OBSERVATIONS

SUR LE PROCÉDÉ DE M. DAGUERRE.

Plusieurs théories ont été successivement proposées pour expliquer les diverses phases des procédés photographiques de M. Daguerre. Nous allons en donner le résumé succinct, tel qu'il a été enseigné par M. Dumas, professeur de chimie à la Faculté des sciences.

1° *Préparation des plaques.* — Tous les procédés recommandés pour la préparation des plaques, le ponçage au tripoli, soit avec l'acide ou l'esprit-de-vin, ont pour but unique de décaper la surface métallique; aussi la nature de la substance polissante est-elle indifférente; la seule condition essentielle est de ne laisser aucun résidu sur l'argent, et la nouvelle communication de M. Daguerre, voyez page X, n'a pas d'autre but que de mettre l'argent entièrement à nu par une sorte de décapage encore plus parfait.

2° *Application de la couche sensible.* — La teinte jaune d'or produite par la couche d'iode est due à un vernis très-mince d'iodure d'argent. Cette couleur n'est pas propre à l'iodure, car ce composé est blanc, et il n'agit dans ce cas que comme lame mince; aussi, lorsque l'action se prolonge, la couche jaune passe-t-elle successivement par d'autres teintes. Voyez page xx.

M. Dumas a déterminé par l'augmentation du poids de la plaque l'épaisseur probable que pouvait avoir la couche d'iodure d'argent.

Une plaque de 5760 millimètres carrés de surface, ayant été amenée à la nuance jaune paille par son exposition à la vapeur d'iode, fut reportée sur une balance très-délicate, où on en avait fait exactement la tare : il y avait une augmentation de poids certaine, évidente, mais elle ne s'élevait pas à un demi-milligramme. Quand la nuance fut du jaune d'or, l'augmentation du poids arriva au demi-milligramme. En prolongeant la durée de l'action de la vapeur d'iode par delà le temps nécessaire, en quadruplant cette durée, par exemple, j'obtins des effets très-appréciables à la balance, une augmentation de poids de deux milligrammes. Je supposai que le quart de cette quantité aurait suffi pour former à la totalité de la surface la dose d'iodure nécessaire à la production de l'image.

Mais en calculant le poids d'iodure d'argent que cet iode représente, en calculant le volume d'iodure qui correspond à ce poids, on arrive à se rendre compte de l'épaisseur de la couche d'iodure d'argent déposée à la surface de la plaque.

Elle n'est pas égale à UN MILLIONIÈME DE MILLIMÈTRE.

3° *Formation de l'image.* — L'action de la lumière sur la plaque iodurée dans la chambre noire ne se trahit par aucun caractère extérieur. Il est probable qu'elle a pour effet de soulever ou de fendiller la couche d'iodure d'argent, ce qui permet au mercure d'arriver au contact de l'argent métallique, tandis que l'iodure non modifié reste imperméable.

Vue au microscope, la couche mercurielle se présente en effet comme formée de granules très-irréguliers de 1/800e de millimètre de diamètre. Les parties blanches en sont couvertes. Les demi-teintes en sont moins garnies; les ombres n'en présentent pas. En un mot, les granules mercuriels se sont déposés en quantité proportionnelle aux érosions de l'iodure d'argent.

On peut se demander en quoi consiste cette couche de mercure. Dans l'opinion de M. Dumas, c'est du mercure en poudre, simplement déposé à la surface de l'argent, mais non amalgamé.

On n'a pas songé jusqu'ici à proposer de théorie pour la formation des images au verre jaune; nous pensons que l'explication de ce phénomène pourrait difficilement s'accorder avec la théorie de M. Dumas. Examinées au microscope avec une amplification de trois cents fois, les épreuves faites au verre jaune présentent exactement le même aspect que celles au mercure; seulement, dans les dernières, les globules blancs, particulièrement ceux qui se trouvent sur les parties sombres, sont beaucoup plus volumineux que ceux des épreuves obtenues au verre jaune.

4° *Lavage à l'hyposulfite.* — Ce lavage a pour but d'enlever l'iodure d'argent de dessus la plaque. Cet iodure se colorerait bientôt d'une teinte très-foncée et donnerait en outre à l'image un ton fort désagréable.

5° *Le fixage au chlorure d'or* a pour but de couvrir la plaque daguerrienne d'un enduit d'or, d'une minceur excessive, qui augmente les vigueurs et les lumières et qui la rend ineffaçable sans altérer le moins du monde sa netteté.

FIN DE LA DEUXIÈME PARTIE.

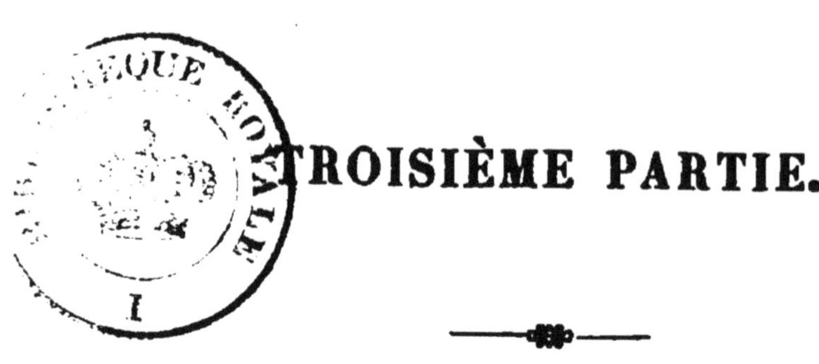

TROISIÈME PARTIE.

CHAPITRE XVII.

PRÉPARATION DE LA PONCE ET DU TRIPOLI.

La ponce pulvérisée est une substance que l'on se procure à si bon compte, les procédés à l'aide desquels on peut l'obtenir sont si simples, qu'il est inutile de les indiquer. Seulement, la ponce qui se trouve dans le commerce étant pulvérisée très-grossièrement, nous allons indiquer un moyen de l'obtenir à peu de frais, aussi fine qu'on voudra.

On met une poignée de ponce du commerce dans une grande carafe pleine d'eau; on l'agite vivement pendant quelques instants et on laisse reposer. On comprend que les grains les plus gros se précipiteront immédiatement au fond; ceux d'un volume moindre seront deux à trois minutes, et, au bout de quatre à cinq, il ne restera plus en suspension qu'une poussière extrêmement fine. On laisse donc reposer à peu près ce temps et on verse une partie du liquide, en ayant bien soin de ne pas agiter, sur un grand entonnoir garni de papier à filtrer. Toute la ponce en suspension restera sur celui-ci. On remettra de l'eau et de la ponce dans la carafe; on agitera de nouveau, puis on continuera comme la première fois.

La ponce retirée du filtre, sera séchée dans un creuset ou une capsule de porcelaine, puis mise immédiatement dans le sachet ou dans le petit flacon couvert de mousseline et conservée dans un lieu bien sec.

DU TRIPOLI.

Le tripoli en morceaux doit être d'une teinte jaune et claire, doux au toucher, sans être trop savonneux.

Pour éviter des pertes de temps, on doit rejeter celui qui contient intérieurement trop de corps étrangers, ce qu'il est facile de vérifier en concassant quelques morceaux.

Lorsqu'il a été pulvérisé avec la molette, l'on met la poudre dans un creuset que l'on chauffe fortement, mais sans aller au rouge.

On jette cette poudre dans une grande carafe, et l'on opère comme nous l'avons indiqué pour la ponce; seulement, le tripoli pour être exempt de toute humidité, demande à être calciné plus fortement que la ponce.

DU ROUGE

Le rouge d'Angleterre doit être de première qualité, car s'il renferme des matières grasses ou des grains, il vaut mieux s'en tenir au tripoli. Sa préparation ne peut être obtenue par des amateurs.

CHAPITRE XVIII.

DES DIVERSES LIQUEURS ACCÉLÉRATRICES.

Nous avons dit que, de toutes les substances accélératrices, la meilleure, à notre avis, était l'eau brômée *titrée*. On verra en lisant le Mémoire de M. Fizeau combien sa préparation est simple et facile; nous avons dit, chapitre VI, que les résultats qu'elle donne étaient identiques. Il est donc bien probable, selon nous, que tous les autres composés instables finiront par être remplacés, et ils le sont déjà en grande partie, par l'eau brômée. Nous avons dit que la liqueur hongroise approchait de cette stabilité; les personnes qui ne veulent pas se soumettre à changer chaque fois la dissolution, et qui aiment mieux appliquer la substance accélératrice, non pas en comptant le nombre de secondes, mais en ayant recours à la nuance de la couche sensible, devront employer cette liqueur de préférence à toute autre. Néanmoins, comme certaines substances, telles que le chlorure d'iode de M. Claudet, qui fut proposé le premier; le bromure d'iode et autres, obtinrent un grand succès au moment de leur apparition, et que plusieurs personnes ayant une expérience acquise s'en servent encore; nous avons dû conserver la manière de les préparer et de les employer.

Dans toutes ces liqueurs, il entre de l'iode et du brôme en plus ou moins grande quantité. L'iode est indispensable pour former en se combinant la couche d'iodure d'argent, et le brôme appliqué sur ce composé exalte sa sensibilité; ce qui prouve bien au reste, que l'iode doit être seul en contact avec l'argent, pour former un iodure, c'est que les composés, tels que la liqueur Reizer et l'iodure de brôme, qui permettent de supprimer la boîte à iode, parce qu'ils en contiennent un excès, ont une sensibilité beaucoup moins grande; tandis que toutes les substances dans lesquelles le brôme est en excès, ne peuvent donner de résultat qu'après l'application de la couche d'iode.

Nous allons donner successivement quelques détails sur la préparation et l'emploi de l'eau brômée, du chlorure d'iode, du bromure d'iode, de la liqueur hongroise, qui servent après avoir fait usage de la boîte à iode. Après cela nous dirons quelques mots de la liqueur Reizer ou allemande et comment on fait usage de l'iodure de brôme, qui s'emploient sans boîte à iode.

DÉTAILS PRATIQUES SUR L'EMPLOI DU BROME, PAR M. FIZEAU.

« Lorsqu'on expose la plaque iodurée de M. Daguerre à la vapeur du brôme, celle-ci est absorbée, et il se forme une couche dont la sensibilité s'accroît avec la quantité de brôme absorbée jusqu'à une certaine limite, à laquelle l'image ne se forme plus sous l'influence du mercure. Le point favorable pour opérer est près de cette limite; trop près, l'épreuve commence à se voiler; trop loin, la sensibilité diminue; il fallait déterminer ce point avec précision et l'obtenir avec régularité, ce qui a présenté quelque difficulté.

» En effet, on ne peut plus avoir recours ici à la couleur de la couche sensible, qui change peu sous l'influence du brôme; le ton jaune-orangé de la plaque se charge bien un peu par la formation du bromure, mais la couleur d'une plaque bromurée à point, et celle d'une plaque qui a dépassé la limite dont j'ai parlé, diffèrent si peu que, par ce moyen, on ne peut apprécier que d'une manière très-incertaine la quantité de brôme absorbée, et par suite la sensibilité de la plaque.

» La méthode que j'ai proposée est exempte de cette cause d'incertitude; elle consiste à exposer la plaque à la vapeur d'une dissolution aqueuse de brôme, d'un titre déterminé, pendant un temps déterminé. Je vais tâcher de l'expliquer en détail.

» 1° *De la dissolution de brôme.*

» Pour préparer une dissolution de brôme d'un titre déterminé et d'une force convenable aux opérations qui nous occupent, on prend pour point de départ la dissolution saturée de brôme dans l'eau; on prépare cette eau saturée en mettant dans un flacon de l'eau pure et un grand excès de brôme; on agite fortement pendant quelques minutes, et avant de s'en servir on laisse bien déposer tout le brôme (1).

» Maintenant un volume fixe de cette eau saturée est étendu dans un volume fixe d'eau pure, ce qui donne une dissolution de brôme toujours identique; ce dosage se fait très-simplement de la manière suivante : une pipette, qui aura encore un autre usage, porte un trait limitant une petite capacité; un flacon porte aussi un trait qui limite une capacité égale à trente fois celle de la pipette; on remplit le flacon d'eau pure jusqu'à la marque, on remplit la pipette jusqu'à la marque de la dissolution saturée de brôme; enfin on verse la petite mesure dans le flacon (2).

» La nature de l'eau n'est pas ici sans importance; ces proportions se rapportent à l'eau pure, et l'on sait que l'eau des rivières, des sources, n'est pas

(1) M. Bisson a proposé l'emploi d'une sorte d'aréomètre pour obtenir une dissolution toujours au même titre; l'emploi en est facile; mais il manque à cet instrument des tables de corrections pour les différentes températures.

(2) On a vu, chapitre VI, que nous conseillions l'eau titrée au quarantième et que nous engagions à remplacer la pipette par nos flacons divisés.

pure; mais ces différentes eaux peuvent être employées absolument comme l'eau pure, en y ajoutant quelques gouttes d'acide nitrique, jusqu'à ce qu'elles présentent une très-légère saveur acide; cinq ou six gouttes par litre suffisent pour la plupart des eaux.

» On a ainsi un liquide d'un jaune vif qu'il faut tenir exactement bouché : c'est la dissolution normale, que j'appellerai simplement l'eau brômée pour la distinguer de l'eau saturée.

» 2° *De la boîte à brôme.*

» La boîte destinée à exposer la plaque à la vapeur de l'eau brômée peut être d'une construction très-variable; celle que j'ai employée dès le principe est disposée de la manière suivante :

» Elle est en bois et se plie afin d'occuper moins d'espace; il est bon de la noircir intérieurement avec une couleur inattaquable au brôme; sa hauteur est d'environ 15 centimètres; les autres dimensions doivent être telles que la plaque se trouve dans tous les sens à 3 centimètres environ des parois; elle se compose de trois parties indépendantes l'une de l'autre : le couvercle, qui est la planchette elle-même; le corps de la boîte; enfin le fond, sur lequel est placée la capsule à évaporation; ce fond mobile a son milieu légèrement creusé, ce qui sert à placer la capsule exactement à la même place dans les diverses expériences.

» La capsule à évaporation doit être à fond plat,

peu profonde, et avoir une dimension à peu près égale à la moitié de la plaque; elle est recouverte d'un plan de verre de manière à être fermée exactement.

» La pipette, dont j'ai déjà parlé, va servir ici à mettre dans la capsule une quantité constante d'eau brômée; elle doit donc avoir une dimension suffisante pour que la quantité de liquide qu'elle contient couvre tout le fond de la capsule.

» 3° *Manière d'opérer.*

» J'ai dit qu'il fallait exposer la plaque à la vapeur d'une dissolution de brôme, d'un titre déterminé, pendant un temps déterminé; or, pour que l'eau brômée soit au même titre dans des expériences successives, il est évident qu'il faut la renouveler à chaque épreuve; c'est le seul moyen d'avoir une évaporation constante, et je n'ai cru l'emploi du brôme praticable que du moment où j'ai eu la pensée d'employer ce moyen bien simple.

» Quant au temps pendant lequel la plaque doit rester à la vapeur du brôme, on comprend qu'il doive varier suivant la dimension de la boîte, la surface d'évaporation, etc.; mais pour un même appareil, il est constant; avec l'eau brômée au titre indiqué, ce temps doit être compris entre 30 et 60 secondes, suivant les appareils; quelques essais déterminent ce temps une fois pour toutes, pour la boîte dont on se sert.

» Je vais indiquer en peu de mots comment tout cela se fait.

» On place sur une table le fond seul de la boîte avec sa capsule; on remplit la pipette d'eau brômée, que l'on fait couler dans un angle de la capsule, après avoir fait glisser le verre dépoli suffisamment pour introduire la pointe de la pipette, et l'on remet le verre en place; alors, si l'appareil n'est pas sur un plan horizontal, on le met de niveau en se guidant sur la couleur de l'eau brômée à travers le plan de verre; lorsque la capsule est horizontale et que le liquide en couvre uniformément toute la surface, on complète la boîte en posant la seconde pièce sur le fond.

» Tout cela étant disposé, et la plaque étant iodée, d'une main on découvre la capsule, de l'autre on place avec précaution la planchette sur la boîte, et aussitôt on compte exactement les secondes; il est bon de retourner la planchette vers la moitié du temps d'exposition, afin d'égaliser l'action du brôme.

» Pour une seconde expérience il faudra jeter la petite dose d'eau brômée et la remplacer par une semblable; le temps reste alors le même, et les plaques successives présentent absolument la même sensibilité.

» A ces détails j'ajouterai des notes sur quelques difficultés que l'on peut rencontrer en employant le brôme. »

« L'*eau saturée* étant regardée comme constante dans la préparation de l'eau brômée, il faut éviter toutes les causes qui pourraient faire varier la quantité de brôme qu'elle renferme; il faut donc, 1° éviter que des corps organiques, comme du bois, du liège, etc., ne tombent dans le flacon, ce qui pourrait former une quantité d'acide bromhydrique assez notable pour que, selon la remarque de M. Foucault, la faculté dissolvante du liquide fût altérée ; le flacon doit donc être bouché à l'émeri; 2° éviter de laisser le flacon à la lumière du soleil, qui pourrait produire le même effet; 3° avoir soin que l'excès de brôme soit toujours considérable : cet excès est nécessaire pour maintenir saturée la dissolution, qui s'affaiblit toujours par évaporation.

» — La température et la nature de l'eau, pourvu qu'elle ne soit pas trop impure, n'exercent pas d'influence notable sur la quantité de brôme dissous; on voit donc qu'il est facile d'avoir une dissolution saturée constante.

» La quantité de brôme que la dissolution normale renferme est si petite, que la faible quantité de sels calcaires et autres que renferment les eaux courantes en absorberait une partie considérable, si l'on employait ces eaux directement; quelques essais m'ont montré que la quantité absorbée par l'eau de la Seine ainsi employée s'élève à environ un quart du brôme; d'autres eaux en absorberont certainement davantage, de sorte qu'il est impossible de négliger cet effet. Si l'on avait à sa disposition toujours la même eau, on doserait en tenant compte de cette absorption; mais en voyage, où l'on trouve des eaux différentes dans chaque localité, on serait obligé de recourir à l'eau distillée pour avoir des résultats constants. J'ai donc cherché un moyen d'employer toutes les eaux sans s'inquiéter de leur composition : il suffit pour cela de détruire par quelques gouttes d'acide les carbonates qui paraissent produire cette absorption; dès que l'eau exerce une réaction acide, elle se comporte, pour la préparation de l'eau brômée, comme le ferait l'eau distillée. Je dois faire observer que cela ne serait pas vrai pour des eaux sulfureuses même à un très-faible degré.

» A cette occasion je ferai remarquer que les hyposulfites absorbant le brôme en grande quantité, il faudra faire attention à éloigner l'hyposulfite de soude de l'eau brômée; la plus petite quantité de ce sel tombant dans la capsule ou dans le flacon d'eau brômée pourrait absorber le brôme libre.

» On peut, lorsque l'on a un flacon plein d'eau brômée, en préparer successivement de grandes quantités sans l'emploi d'une mesure, et seulement en consultant la couleur; pour cela il faut avoir deux flacons bien semblables, en conserver toujours un plein de la dissolution normale, et préparer dans l'autre une dissolution que l'on amène par tâtonnement exactement à la même teinte que la précédente; avec un peu d'habitude, ce moyen, qui paraît grossier, est susceptible d'une grande exactitude. En voyage, dans le cas où l'on perdrait ou briserait la petite mesure, il pourrait être d'un grand secours.

» Les saisons ont quelque influence par leur température sur la force d'évaporation de l'eau brômée : dans l'été, le temps d'exposition au brôme doit être moindre qu'en hiver de quelques secondes. Les changements de température ayant cette influence, il faudra éviter, avant d'opérer, d'exposer au soleil la capsule et la boîte à brôme, comme on le fait quelquefois dans l'intervalle des expériences pour dissiper le brôme.

» Quelques précautions sont nécessaires dans l'emploi de la capsule à évaporation : 1° il faut qu'elle ne soit pas grasse, mais que l'eau brômée s'étende bien sur tout le fond, sans quoi la surface d'évaporation se trouverait changée ; lorsque cela arrive, il faut la frotter avec un linge bien propre et quelques gouttes d'alcool. 2° Il faut éviter, en versant ou en mettant de niveau, que l'eau brômée ne mouille les parois jusqu'au verre dépoli, au contact duquel elle s'étendrait sur les bords de la capsule, ce qui changerait les conditions d'évaporation.

» Pour l'exposition au brôme et pour l'exposition dans la chambre noire, il faut mesurer exactement le temps ; à défaut de chronomètre, rien n'est plus commode que des pendules formés d'une petite balle de plomb suspendue à un fil ; ils peuvent être à seconde ou à demi-seconde, les premiers de 994 millim., les seconds de 248 millim. Lorsque la durée d'exposition dans la chambre noire est courte, il est nécessaire de compter au moins les demi-secondes ; avec l'intensité de lumière qui existe dans l'appareil normal de M. Daguerre, il est suffisant de compter les secondes. Si l'on opère au soleil, il faudra de 16 à 22 secondes ; à l'ombre, ce temps sera ordinairement compris entre 40 secondes et une minute.

» Lorsque l'on se sert du brôme, il devient utile d'adapter aux objectifs des diaphragmes variables, afin d'avoir à volonté une action plus rapide ou une netteté plus grande ; mais il est indispensable que leurs surfaces d'ouverture soient entre elles dans des rapports simples. On peut ainsi faire varier l'intensité de la lumière dans des rapports connus, et, pour obtenir un même effet, les temps devant être en raison inverse des intensités, on voit que la durée d'exposition qui correspond à chaque diaphragme varie dans un rapport simple et connu, ce qui permet d'opérer avec ces diaphragmes variables aussi sûrement qu'avec un diaphragme fixe.

» Ce moyen a été adopté avec empressement par un habile artiste, M. Lemaître, qui a le premier fait usage du brôme pour de grandes épreuves.

» Une chose très-importante à éviter est de soumettre la plaque à l'opération du mercure dans un lieu où une odeur de brôme se fait sentir : en effet, pendant que la planchette est transportée du châssis dans la boîte au mercure, la plaque impressionnée se trouve un instant en contact avec l'air chargé d'une petite quantité de brôme, et dans ce cas l'effet prod uit par l'image de la chambre noire peut être entièrement détruit ; en sorte que sous l'influence du mercure il ne se forme plus d'image sur la plaque.

» Cet effet tend à se produire partiellement sur les bords de la plaque, lorsque celle-ci est fixée sur une simple planchette ; car alors le bois, légèrement imprégné de brôme en même temps que la plaque, émet continuellement des vapeurs très-faibles, il est vrai, mais suffisantes pour détruire l'action de la lumière sur les bords de la plaque. On évitera cet effet en couvrant les bords de la planchette jusqu'aux épaisseurs avec un métal quelconque ; du zinc ou des feuilles minces d'étain rempliront fort bien ce but.

L'iode a la même action que le brôme ; mais étant moins volatil, il est moins à craindre. Je crois que c'était une action de cette espèce, et non une inégale épaisseur de la couche sensible, qui produisait les épreuves à bords noirs que M. Daguerre évitait si bien par ses bandelettes de plaqué.

» Je crois aussi que cette même action explique très-bien cette singulière anomalie observée par tant d'opérateurs, qui consiste dans l'impossibilité presque absolue d'opérer avec certaines chambres noires. Presque toujours alors la chambre noire renferme la boîte à l'iode ; celle-ci perdant toujours un peu, les parois de la chambre noire s'imprègnent d'une petite quantité d'iode qui s'en dégage incessamment ; lorsque la plaque subit l'action de la lumière, elle se trouve ainsi en contact avec de faibles vapeurs d'iode qui neutralisent en tout ou en partie l'action de la lumière.

» On évitera donc que le châssis à plaque et la chambre noire puissent s'imprégner de brôme ou d'iode ; si cela arrivait, il faudrait exposer le bois ainsi imprégné au grand air et au soleil pendant quelque temps. »

BOITE A BROME DE M. FOUCAULT.

M. Foucault emploie l'eau brômée extrêmement faible, 0 gramme 5 de brôme, de 1,000 grammes d'eau de rivière filtrée. Sa boîte est construite en glace, mastiquée et consolidée à l'extérieur par une seconde boîte en bois, qui repose sur trois vis calantes, lesquelles servent avec un niveau à bulle d'air à mettre l'appareil de niveau. La hauteur intérieure est d'environ trois centimètres; à la partie supérieure la boîte est fermée par une trappe en glace à coulisse qui ferme hermétiquement, et qui permet de recevoir en dessous la planchette portant la plaque qui repose sur des tasseaux.

L'une des glaces de côté est percée, à sa partie supérieure, d'un trou qui permet d'introduire la dissolution, quoique la trappe soit fermée; et au fond de la boîte, vers l'un des angles, se trouve un petit tube en verre destiné à faire écouler la dissolution qui a déjà servi.

Voici comment M. Foucault recommande de l'employer :

La plaque, une fois iodée avec précision, on la met dans le châssis où elle peut attendre un temps très-long, plusieurs heures; ce qui peut être très-commode quand on guette le moment favorable, un rayon de soleil, une circonstance quelconque. Quand on veut brômer, on emplit de dissolution au moyen de l'entonnoir le flacon dont j'ai parlé; ce que l'on fait vivement, afin que le brôme ne s'évapore pas. Alors on met l'entonnoir sur le tube recourbé ayant eu soin de fermer la trappe de glace; on verse rapidement la dissolution dans la boîte. Ici se présente une précaution assez particulière. A partir du moment où l'on voit couler les dernières gouttes jusqu'à celui où on tire la trappe, il est important de laisser écouler toujours le même temps; une demi-minute, par exemple. On satisfait aisément à cette condition en comptant en soi-même jusqu'à un certain nombre, en même temps on agite légèrement la boîte, afin que la dissolution en mouille bien tout le fond, et l'on place la planchette sur les tasseaux propres à la recevoir. La demi-minute écoulée, on tire vivement la trappe, et on compte non plus en soi-même, parce que cela n'est pas assez exact, mais au moyen d'un compteur ou de tout autre instrument de ce genre, un certain nombre de secondes qu'il faudra déterminer pour chaque appareil, mais qui doit se limiter entre vingt secondes et une minute (1). On reconnaîtra que l'on est resté trop long-temps ou que la plaque a absorbé trop de brôme lorsque l'épreuve se voilera sous l'influence du mercure. A mesure qu'une plaque iodée absorbe du brôme, sa sensibilité s'accroît jusqu'à une certaine limite, celle où le moindre excès cause un voile sur l'épreuve. C'est à cette certaine limite qu'il faut arriver pour avoir le maximum de sensibilité, et il n'y a que le tâtonnement qui puisse y faire parvenir. Si l'on se tient en deçà, la plaque n'est pas assez sensible, mais on n'en acquiert la certitude que par d'autres expériences ; si l'on a été au delà, le voile de l'épreuve vous l'indique immédiatement. Le temps convenable écoulé, on lève aussitôt la planchette qu'on replace de suite dans le châssis, et la plaque est prête à recevoir l'impression de la lumière.

---

(1) Ce nombre de secondes ne varie qu'assez peu par les changements de température. L'expérience seule apprendra les limites de cette influence.

PRÉPARATION DU CHLORURE D'IODE DE M. CLAUDET.

Le chlorure d'iode se prépare en faisant arriver du chlore gazeux sur de l'iode. Pour se procurer le chlore (1), on introduit dans un ballon de verre du péroxyde de manganèse (manganèse) réduit en menus morceaux et par-dessus de l'acide chlorhydrique (muriatique). Au ballon est adapté un tube deux fois recourbé; ce tube se rend dans un petit flacon qui contient l'iode. Quelques charbons ou la flamme d'une petite lampe à esprit-de-vin sous le ballon suffisent pour déterminer le dégagement du chlore; l'iode se liquéfie promptement. Aussitôt que la liqueur qui en résulte a atteint la couleur rouge-vif, l'opération est terminée. Le flacon doit être immédiatement fermé avec beaucoup de soin; pour cela on mettra un peu de suif autour du bouchon usé à l'émeri.

MANIÈRE D'EN FAIRE USAGE.

Le chlorure d'iode peut être employé de deux manières : on en verse deux ou trois gouttes dans un pot à confitures; dessus on met une pincée de

(1) Nous rappellerons aux lecteurs que le chlore est très-délétère, il faut donc opérer avec le plus grand soin pour n'en pas être incommodé.

coton pour ralentir et régulariser l'évaporation, et après que la plaque a été iodée jaune-d'or on l'expose au-dessus du chlorure d'iode. Lorsqu'elle a atteint la couleur rose, on la place à la chambre noire.

· La seconde méthode a un avantage, c'est de ne pas donner lieu à un développement de vapeurs désagréables, d'abord pour l'opérateur, et très-pernicieuses en ce qu'elles attaquent tous les métaux indistinctement.

On en verse quelques gouttes dans un flacon d'eau pure, de manière à lui donner la coloration de l'eau-de-vie, et on s'en sert avec les cuvettes de la même manière que de toutes les autres substances.

M. Claudet a aussi combiné le chlore avec le brôme; mais ce composé n'étant pas employé, nous ne le mentionnons que pour mémoire.

PRÉPARATION DU BROMURE D'IODE PAR M. T. GAUDIN.

« Dans une dissolution alcoolique d'iode (1) on verse, goutte à goutte, du brôme jusqu'à ce que le mélange devienne d'un beau rouge-vif; puis on l'étend d'eau de manière à produire un liquide d'un jaune vif. C'est le bromure d'iode prêt à servir, pourvu que la proportion de brôme soit convenable; ce que l'expérience seule peut décider.

(1) « La proportion d'iode dissoute dans l'esprit-de-vin n'est d'aucune importance, mais il vaut mieux employer une dissolution saturée d'iode. »

» Il est bien recommandé aux personnes qui voudront préparer elles-mêmes le bromure d'iode, de se défier du rejaillissement du brôme en le versant dans la dissolution alcoolique d'iode; car c'est le plus violent corrosif qui existe, et la moindre parcelle tombée sur les yeux suffirait pour aveugler. Il ne faut pas non plus tenir le brôme dans des endroits habités, de crainte que ses émanations, développées soit par la chaleur ou par la rupture du verre, ne viennent se mêler à l'air qu'on respire. »

LIQUEUR HONGROISE.

Ce mélange a été proposé par M. Guérin; la recette est restée inédite. La constance remarquable des résultats obtenus avec la liqueur hongroise lui assigne une supériorité bien marquée. Semblable pour l'aspect au bromure d'iode, elle diffère sans doute par la composition. En effet, tandis que celui-ci a besoin, pour conserver sa sensibilité, d'être chaque jour renforcé par quelques gouttes d'eau brômée, nous avons vu la liqueur hongroise, au bout d'un long laps de temps, conserver une sensibilité telle, qu'elle restait peu en arrière de l'eau brômée.

MANIÈRE D'EN FAIRE USAGE.

On doit l'étendre de dix à quinze fois son volume d'eau, et la conserver dans un flacon bouché à l'émeri.

Pour s'en servir, on en verse une petite quantité dans une de nos cuvettes et, après avoir iodé la plaque jaune-d'or un peu clair, on la laisse exposée en consultant de temps en temps la couleur jusqu'à ce qu'elle ait atteint le rose-clair.

S'il se formait de petits picots blancs sur la plaque, ce serait une preuve que la substance est trop forte; il faudrait donc encore l'étendre d'eau.

Il n'existe que deux préparations, la liqueur Reiser et l'iodure de brôme, avec lesquelles on puisse se passer de la boîte à iode. Nous indiquons ci-dessous la manière de les préparer et d'en faire usage. Quoique peu employées, elles peuvent être utiles dans le cas où l'on viendrait à briser sa boîte à iode.

DE L'IODURE DE BROME.

Voici ce qu'en dit M. T. Gaudin :

« Nous nommerons ainsi le bromure d'iode avec excès d'iode pour le distinguer du bromure d'iode, employé précédemment après l'iodage de la plaque.

Il se prépare en versant dans du bromure d'iode, avec excès de brôme, de la dissolution alcoolique d'iode, jusqu'à ce qu'il se précipite une poudre ayant l'apparence de l'iode. Pour s'en servir, on l'étend d'eau jusqu'à ce qu'il ait la couleur du safran et une odeur approchant de celle du cidre.

» Ce composé étant très-variable, il faut chaque jour le modifier avec la dissolution alcoolique d'iode ou l'eau brômée en suivant les règles de sa propre expérience.

» Il y aura excès de brome si la couche vient d'une manière irrégulière, et excès d'iode si on la juge trop peu sensible. »

LIQUEUR REISER OU ALLEMANDE.

La liqueur Reiser n'est autre chose qu'un chlorure d'iode, dont nous avons donné la préparation page 112; seulement, au lieu de l'employer à l'état de saturation, on l'étend d'eau, et on emploie la dissolution dans une cuvette plate.

Voici quelles sont les proportions qui ont été indiquées, mais elles ne sont nullement nécessaires.

Dans le ballon en verre :

500 grammes péroxyde de manganèse;

250 id. acide chlorhydrique.

Dans le petit flacon qui reçoit le chlore gazeux, 90 grammes d'iode.

Quand l'iode est liquéfié et que le composé est arrivé à la teinte rouge-vif, on l'étend d'environ 500 grammes d'eau.

Cette liqueur, on le voit, n'est autre chose qu'un chlorure d'iode étendu d'eau. Depuis quelque temps on ajoute du brôme à cette préparation, ce qui la rend un peu plus active; mais elle est loin d'avoir la constance et la rapidité de l'eau brômée titrée, ni celle de la liqueur hongroise.

CHAPITRE XIX.

DES VERRES CONTINUATEURS.

M. Edmond Becquerel s'est livré a de très-nombreuses recherches sur les rayonnements chimiques qui accompagnent la lumière solaire et la lumière électrique, et il est arrivé à l'énonciation du fait suivant : *Des rayons qui ne peuvent pas impressionner sensiblement une substance préparée, à l'abri de toute radiation, peuvent continuer très-vivement l'action que des rayons différents auraient commencé à exercer sur elle.* En conséquence, il appelle les uns *rayons excitateurs ;* et les autres, *rayons continuateurs.*

Parmi les intéressantes expériences auxquelles s'est livré M. Edmond Becquerel, nous citerons la suivante pour laquelle il a fait usage d'un verre qui, étudié par le prisme, ne transmettait à l'œil que des rayons rouges et orangés.

Ayant préparé dans l'obscurité une feuille de papier sensible, en l'imprégnant successivement de bromure de potassium, puis de nitrate d'argent, il en coupa deux morceaux semblables qu'il plaça au fond d'une boîte de bois où ils étaient entièrement recouverts par une plaque métallique dont la portion centrale était découpée de manière à figurer un bouquet de fleurs. Le tout, étant recouvert et fermé hermétiquement par une planche en bois, a été porté devant une fenêtre exposée au nord; l'on a ouvert et refermé l'obturateur de manière que l'exposition à la lumière diffuse d'un ciel brumeux n'excédât pas une seconde. Toutefois, reportés dans la chambre obscure, les deux papiers laissaient apercevoir à la lumière d'une bougie quelques très-faibles linéaments de l'image que l'on présumait devoir y exister. Celui des deux papiers où ces traces étaient les plus faibles a été placé sous la feuille de verre rouge, et exposé à la lumière diffuse à l'exposition nord depuis une heure jusqu'à cinq. Lorsqu'on reporta l'appareil dans la pièce obscure, l'image du bouquet était parfaitement distincte; les parties qui avaient reçu l'action directe du ciel a travers la découpure étaient entièrement noircies, et les parties qui avaient été préservées étaient blanches et n'avaient éprouvé aucune altération. Quant à l'autre papier, il était toujours dans le même état.

Cette expérience est concluante, car d'une part : l'image qui s'est développée sous le verre rouge en l'absence de l'objet y existait donc invisiblement tracée par l'action instantanée de la radiation directe. Et la partie restée invariable, malgré l'action du verre rouge est donc insensible à cette action. Il existe donc *certains rayons, inhabiles à exercer primitivement une action sur le papier*, et *ces rayons sont très-propres à continuer cette action quand elle a été commencée par d'autres.*

On comprend l'importance de cette découverte pour la photographie. Aussi M. Tony Gaudin adressa-t-il peu de temps après à M. Becquerel la lettre suivante :

« J'ai le plaisir de vous annoncer que la découverte de M. Edmond Becquerel, concernant l'action photographique des rayons rouges, si bien prouvée déjà par le rapport de M. Biot, s'applique parfaitement au procédé de M. Daguerre, comme vous pouvez en juger par les échantillons que je joins à ma lettre.

» MM. Buron et Lerebours avaient obtenu, avant que je fisse mes recherches, des résultats très-remarquables avec le soleil direct ; mais aujourd'hui je ne doute plus qu'avec l'illumination rouge nous ne puissions opérer instantanément, car je vous envoie déjà des nuages obtenus *par un grand vent, près du zénith, en une demi-seconde.* »

Quelques semaines après, M. Becquerel constatait que l'action du verre jaune était bien supérieure à celle du verre rouge pour les papiers sensibles ; et M. Tony Gaudin, alors notre collaborateur, confirmait ce résultat pour les plaques d'argent.

USAGE DES VERRES CONTINUATEURS.

On passe la plaque à l'iode, et on l'expose à la chambre noire pendant environ quinze fois plus de temps que si l'on opérait avec l'eau brômée. A la sortie de la chambre noire, on la glisse, en ayant soin de la soustraire aux moindres rayons de lumière, dans une sorte d'étui recouvert d'un verre jaune, et on l'expose directement à la radiation solaire. On ne peut déterminer le temps d'une manière précise; mais cette opération n'offre aucune difficulté, car le verre jaune permet de voir les progrès de l'action: on ne retirera donc l'épreuve que lorsqu'elle sera trouvée au point convenable, ce qui est aussi facile à apprécier que dans la boîte à mercure.

On obtiendra, par ce procédé, des vues d'une finesse exquise et d'un ton tout particulier.

Avec les substances accélératrices, il faut employer le verre rouge; mais nous n'avons jamais obtenu par ce procédé des résultats aussi satisfaisants.

CHAPITRE XX,

PROCÉDÉ POUR COLORER LES ÉPREUVES ET LES FIXER A FROID, PAR M. TONY GAUDIN.

« Faites dissoudre 1 gramme de chlorure d'or dans un demi-litre d'eau ordinaire, et 30 grammes d'hyposulfite de soude dans un autre demi-litre d'eau ordinaire; puis versez la dissolution de chlorure d'or dans celle de soude peu à peu et en agitant absolument comme pour la préparation de M. Fizeau, dont celle-ci n'est qu'une variante.

» Pour vous en servir, versez-en dans une assiette, ou tout autre vase de même espèce, suffisamment pour couvrir l'épreuve; puis, après y avoir ajouté une goutte d'ammoniaque, plongez-y la plaque au sortir de la boîte à mercure, après en avoir essuyé le revers et les épaisseurs, et agitez rapidement de droite à gauche, de manière à dissoudre rapidement la couche d'iodure d'argent comme à l'ordinaire. Dès que la plaque paraît blanche on cesse tout mouvement rapide, mais on continue de balancer légèrement l'assiette; car, si on la laissait en repos seulement quelques minutes, il se formerait des nuages sur l'épreuve. Peu à peu la surface de la plaque prend une teinte jaune qui fonce e plus en plus, tirant sur le bistre. On s'arrête donc à la couleur que l'on désire; et, quand l'épreuve a été lavée et séchée comme il a été dit, elle se trouve fixée sans aucune tache, et avec une surface limpide et un ton chaud extraordinaire. Si l'on augmentait la dose d'ammoniaque ou de chlorure d'or, l'opération irait plus vite; mais le milieu de l'épreuve serait toujours beaucoup plus clair que ses bords. Le liquide peut servir plusieurs fois sans être renouvelé; cependant il ne donne pas une si belle couleur aux épreuves que quand il est neuf. En s'arrangeant de manière à communiquer à l'assiette un mouvement continuel, l'épreuve une fois immergée se fixe toute seule. Pendant ce temps-là, tout en faisant autre chose, on épie sa couleur, et, au bout de dix minutes ou un quart d'heure, on la sort du bain pour la sécher. »

FIN DE LA TROISIÈME PARTIE.

QUATRIÈME PARTIE.

CHAPITRE XXI.

DE LA REPRODUCTION DES ÉPREUVES PAR LA GALVANOPLASTIE

Les premières épreuves reproduites par la galvanoplastie furent obtenues par M. H. Fizeau; et l'on peut dire que ces premiers essais n'ont pas été dépassés depuis, car les grandes planches qu'il obtint étaient admirables.

Nous pensons que beaucoup d'amateurs, informés de l'extrême facilité avec laquelle on opère actuellement, grâce aux nouvelles piles de Bunsen, vont se livrer à ce genre de reproduction qui donne de si beaux résultats. Nous nous contenterons de leur signaler les précautions minutieuses dont l'inobservation pourrait compromettre la planche originale et sa copie. Deux appareils sont nécessaires pour obtenir une reproduction : 1° un élément de Bunsen; 2° une cuve en cristal pour contenir le sulfate de cuivre (1).

---

(1) On peut également employer l'électrotype Boquillon, mais seulement pour les plaques 1/6e.

L'épreuve doit d'abord être entièrement débarrassée de toute trace d'hyposulfite et il est *indispensable* qu'elle soit parfaitement fixée au chlorure d'or.

En général, on est toujours pressé de voir les progrès de l'opération. Nous engageons à modérer ce désir, qui peut être fatal au résultat définitif. On devra toujours attendre quelques minutes avant de sortir l'épreuve du bain; et, chaque fois que cela arrivera, on aura soin de ne pas la laisser long-temps au contact de l'air, quelques minutes suffisant pour oxyder la surface au point d'empêcher le dépôt suivant d'adhérer au premier.

Lorsqu'on juge la couche métallique d'une épaisseur suffisante, et dans ce cas celle d'une forte carte suffit, on lave l'épreuve à grande eau, puis on la sèche soit avec de la sciure de bois, soit avec du papier buvard. Si l'on tient à conserver la belle couleur rose-nacré que doit avoir le dépôt au sortir du bain, on hâtera sa dessiccation après un premier essui de l'eau en le mouillant avec de l'alcool qu'on épongera également avec du papier buvard.

La séparation du dépôt et de la plaque peut être accompagnée d'un accident qui les gâte tous deux. Il arrive parfois qu'une petite goutte de liquide séjourne inaperçue sous la cire qui recouvre les bords de la plaque, et qu'au moment où, avec la lame d'un couteau, on soulève le dépôt cette goutte s'introduit dans l'espace capillaire formé par le soulèvement et vient mouiller le dépôt et la plaque, qui sont infailliblement tachés si le liquide contient encore du sulfate de cuivre.

Le procédé le plus sûr pour séparer les deux plaques consiste, lorsque le dépôt n'a pas trop d'épaisseur, à couper avec une paire de forts ciseaux une bande d'environ deux millimètres de large sur tout le pourtour des deux pièces, qui se séparent ensuite avec la plus grande facilité.

L'oxydabilité du cuivre étant beaucoup plus grande que celle de l'argent, il faut soustraire le plus vite possible la contre-épreuve au contact de l'air, en la plaçant dans un passe-partout, et surtout bien se garder d'en toucher la surface avec quoi que ce soit.

La plus extrême propreté est en outre indispensable sur la surface de la plaque, si l'on veut éviter, sur la copie, la reproduction des poussières ou autres corps étrangers que la négligence de l'opérateur y a laissés adhérer.

Nous venons d'indiquer les conditions les plus essentielles, reprenons l'opération en détail. On avive la feuille de doublé par un de ses bords, ou même par un de ses angles, si c'est une petite plaque, et l'on réserve cette partie exempte d'oxydation, pour l'appliquer sur le conducteur de la cuve, auquel vient s'appliquer le fil positif (zinc) de la pile, et l'on maintient le tout avec une pince.

On recouvre ensuite d'une couche de vernis composé d'une partie d'essence de térébenthine et de deux parties de cire jaune, ou tout simplement de cire jaune, la face postérieure de la plaque, pour éviter un dépôt inutile de cuivre. Il faut avoir soin que cette couche de vernis, qui doit être appliquée à chaud, ait une certaine épaisseur, et ne s'interpose pas entre la plaque et le conducteur de la cuve, où elle détruirait le contact métallique indispensable au succès de l'opération.

On aura soin de bien filtrer le bain de sulfate de cuivre, qui doit être saturé à froid (1).

Lorsque l'on se sera bien préparé, on mettra l'électrode positif (plaque de cuivre qui se dissout dans la cuve) en communication avec le pôle négatif (charbon) de la pile et on la plongera dans le bain. On établira également la communication entre l'épreuve à reproduire et l'autre pôle (zinc), et quand elle sera solidement attachée à l'aide d'une ou de plusieurs pinces on la plongera dans le bain : elle doit se recouvrir de cuivre immédiatement.

Un seul élément de Bunsen chargé avec de l'acide nitrique pur à l'extérieur et avec un mélange composé d'une partie d'acide sulfurique et de 50 parties d'eau dans l'intérieur du vase poreux, suffit pour reproduire en quelques heures une grande épreuve de 16 centimètres sur 0,22. La dépense se réduit donc à la valeur du cuivre déposé, et lorsqu'on songe qu'avec une dépense aussi minime on arrive, après un ou deux essais, à reproduire et à multiplier

(1) Pour avoir une dissolution toujours prête, on fera bien de la conserver dans un grand flacon en verre ; l'on sera assuré de sa saturation lorsqu'après l'avoir agitée plusieurs fois elle ne dissoudra plus les quelques cristaux de sulfate qui restent au fond en excès.

sans aucun risque les plus belles images photographiques, qui sont toujours fort rares, avec un ton chaud et une perfection admirables; lorsqu'on songe que le même petit appareil peut servir à une foule d'autres applications, on est vraiment surpris qu'il ne soit pas plus connu (1).

Les nouveaux procédés employés pour superposer les métaux les uns aux autres, intéressent au plus haut point toutes les personnes qui portent quelque intérêt à l'industrie. Quelle découverte, en effet, que celle qui permet d'appliquer, avec la plus grande simplicité et d'une manière économique, l'or sur l'acier, sur le cuivre, sur l'argent; celui-ci sur l'étain, sur le fer; le platine sur le cuivre, sur le bronze, etc. !

La plupart de ces applications vont créer des arts nouveaux; nous n'avons pas ici à nous en occuper. Néanmoins, la dorure étant un moyen de donner un très-beau ton aux images daguerriennes, je dirai comment je fus amené à produire la *première image* photogénique qui ait été dorée.

---

(1) La *reproduction* en cuivre ou en argent, soit poli ou mat, d'une médaille, d'un cachet, d'un camée, etc., sont des opérations qui doivent plaire aux gens du monde; car elles procurent, presque pour rien, un objet d'art qui a souvent une grande valeur, en même temps qu'elles sont un délassement à de plus graves travaux. Les plâtres, les fruits, les insectes, certaines fleurs peuvent également être *recouverts* de cuivre et par suite dorés ou argentés.

Nous espérons que cette instruction suffira pour reproduire les images daguerriennes; mais les personnes qui voudraient faire une étude particulière des lois suivant lesquelles s'accomplissent les précipités métalliques, devront se procurer le traité complet de Galvanoplastie, par M. L....., chez Lerebours et chez Fortin et Masson.

Au mois d'août 1841, n'ayant aucune connaissance des brevets de MM. de Ruolz et Elkington sur leurs nouveaux procédés de dorure, mais curieux de savoir comment se comporterait à froid cet admirable chlorure d'or que nous devons à M. Fizeau: je plaçai une épreuve daguerrienne dans un électrotype, et quel fut mon étonnement, au bout d'un quart d'heure, de voir qu'elle avait acquis un superbe ton d'or! Je fis voir de suite, comme on le pense bien, ce produit à M. Boquillon; et lui ayant manifesté le désir de le présenter le lundi suivant à l'Institut, il me fit entrevoir que ce résultat, confirmant certaines lois théoriques dont il expérimentait alors d'importantes applications, n'était pas pour lui sans intérêt. Il n'en fallait pas davantage pour suspendre ma communication; aussi me contentai-je d'adresser à M. Arago une lettre à laquelle je joignis un spécimen, seulement pour prendre date (1).

Depuis, j'ai fait quelques essais avec différents sels d'or. Le seul qui m'ait bien réussi à l'électrotype, est le mélange de M. Fizeau (le chlorure d'or et l'hyposulfite de soude). C'est sans doute à l'action énergique de cet appareil qu'il faut attribuer ce singulier résultat; car, soit avec des piles de Smee, soit avec un élément de Bunsen, les dorures obtenues avec le même sel ne m'ont pas donné de résultat supérieur : et cependant, les cyanures doubles em-

(1) Peu après sa communication à l'Institut, M. de Ruolz voulut bien me dorer plusieurs épreuves; le ton d'or, un peu foncé et rougeâtre, en était fort beau.

ployés avec les derniers appareils donnaient un ton beaucoup plus riche que le chlorure d'or; mais, dans l'électrotype, je le répète, le chlorure d'or seul m'a donné d'excellents résultats.

Si l'on veut opérer à l'électrotype, voici la manière dont on pourra s'y prendre : on remplace le sulfate de cuivre par le liquide de M. Fizeau, et on acidule très-faiblement le liquide où plonge le zinc. Quelques minutes suffisent pour cette opération, qu'il faut surveiller attentivement en regardant souvent la couche d'or déposé; car, l'opération se prolongeant trop, l'épaisseur de cette couche effacerait successivement toutes les demi-teintes, et altérerait par conséquent le mérite de l'épreuve.

Avec la cuve et un élément de Bunsen ou toute autre pile, on opérera exactement comme si l'on agissait sur un bain de sulfate de cuivre. Si l'on veut maintenir le bain d'or à l'état de saturation, on plongera à une certaine distance de la plaque une lame d'or qui devra être le prolongement du conducteur négatif. Dans le cas contraire, on se contentera d'y plonger un fil de platine qu'il sera nécessaire de promener à distance de la plaque quand l'action sera rapide.

On peut obtenir un dépôt de cuivre sur l'épreuve ainsi dorée; mais on comprendra facilement que cette contre-épreuve sera moins vigoureuse, parce que cette couche d'or, si mince qu'elle soit, affaiblit toujours un peu les détails si délicats de l'image daguerrienne.

CHAPITRE XXII.

DE LA GRAVURE.

L'idée de transformer les images obtenues sur les plaques d'argent en planches gravées, de manière à les multiplier par l'impression, a dû se présenter à un grand nombre de personnes; à notre connaissance c'est M. Donné qui, le premier, a obtenu un résultat assez satisfaisant. Voici comment il s'y prit (1).

(1) M. Fizeau, dont tout le monde connait les admirables découvertes en phothographie, vient de découvrir un procédé pour graver les plaques daguerriennes bien supérieur à tous ceux connus. Nous avons vu quelques-unes des épreuves obtenues, et tirées sans aucun soin particulier par un ouvrier-imprimeur d'un talent tout à fait ordinaire. Eh bien, nous pouvons affirmer que la plus grande partie de ces gravures offraient à la loupe la reproduction identique des détails infinis de l'image daguerrienne. De plus, dans les épreuves qui ont été mises sous nos yeux, les noirs étaient reproduits avec beaucoup de vigueur, et, chose plus remarquable, les blancs du papier étaient d'une pureté irréprochable. Quand on songe à l'avenir d'une pareille découverte on n'est pas surpris que M. H. Fizeau ait désiré en garder le secret. Pour notre compte particulier, cette découverte nous rendrait un immense service pour la publication des *Excursions daguerriennes*. En effet, nous pourrions, presque sans aucun frais, reproduire immédiatement les vues si remarquables que nous envoient nos commettants; et afin de nous mettre à l'abri d'une altération plus ou moins grande causée par le tirage, nous reproduirions de suite plusieurs planches par la Galvanoplastie.

Après avoir exécuté le lavage comme à l'ordinaire en ayant soin d'employer une solution un peu faible, on sèche la plaque, qui doit être sans défaut, en bon doublé au vingtième, et on recouvre les bords au delà de l'image, d'une couche de vernis de graveur.

On dispose la plaque horizontalement au-dessus d'une cuvette sur laquelle elle porte par ses quatre angles, et l'on verse dessus de manière à recouvrir toutes les parties non vernies, d'une couche liquide assez mince, une dissolution contenant trois parties d'acide nitrique *pur* et quatre parties d'eau.

Au bout de trois ou quatre minutes, de petites bulles commencent à paraître sur quelques points et elles finissent par s'étendre sur toutes les parties de la plaque. C'est ici que se présente la plus grande difficulté, et il n'y a que l'expérience qui puisse indiquer le moment où la planche est assez mordue. Si l'on cesse l'opération trop tôt, les noirs n'auront aucune vigueur et seront gris; si elle est prolongée au delà du temps nécessaire, les blancs eux-mêmes seront attaqués : on voit que l'opérateur se trouve entre deux écueils. M. Donné signale un tour de main qui lui a réussi plusieurs fois et qui consiste, pour préserver les blancs, à chasser, en soufflant, l'acide de dessus les parties. Ce moyen est sans doute fort bon; mais il n'est exécutable que quand les lumières se trouvent réunies sur un même point, ce qui est fort rare.

Le docteur J. Berres a indiqué un procédé de gravure qui a beaucoup d'analogie avec celui de

M. Donné, si ce n'est que M. Donné opère avec un mélange d'acide nitrique tandis que le docteur Berres commence par exposer la plaque aux vapeurs qui se dégagent de l'acide nitrique légèrement chauffé et, après avoir recouvert d'un vernis les parties qui doivent être ménagées, la couvre d'une couche de gomme arabique qu'il fait ensuite fondre dans de l'acide nitrique à 12 ou 13 et qu'il renforce progressivement jusqu'à 16 ou 18 degrés. Quand les vapeurs commencent à se faire sentir, la planche doit être gravée.

Ce procédé, que nous n'avons jamais pratiqué, nous paraît devoir exiger une certaine habileté pour ménager les blancs en les recouvrant de vernis, et saisir le moment où la planche est suffisamment mordue; en en mot, nous croyons qu'un graveur peut seul espérer de bien réussir.

CHAPITRE XXIII.

DE LA GRAVURE DES IMAGES PHOTOGRAPHIQUES, PAR M. W.-B. GROVE (1).

« La méthode du docteur Berres consiste à recouvrir ses plaques avec une solution de gomme arabique et, dans cet état, à les plonger dans de l'acide nitrique à divers degrés de force. Je n'ai pas eu l'occasion de voir des plaques ainsi préparées, mais quelques expériences que j'ai faites avec l'acide nitrique m'ont donné des contours imparfaits et mal arrêtés; de plus j'ai rencontré de très-grandes difficultés dans les manipulations, parce que l'acide n'attaquait jamais la plaque uniformément et simultanément. Mon but toutefois, dans cette communication, est non pas de trouver en défaut un procédé que je n'ai pas suffisamment expérimenté, ou vu appliquer par des mains habiles et exercées, et dont l'inventeur mérite toute la reconnaissance des physiciens, mais bien d'en faire connaître un autre qui possède l'avantage d'une extrême simplicité, que chacun, quoique peu exercé dans les manipulations

(1) Extrait du *Manuel de Galvanoplastie.*

chimiques, peut pratiquer avec succès, et qui produit une gravure parfaite de l'image originale; à tel point qu'une plaque ainsi gravée peut à peine être distinguée d'une image daguerrienne, et conserve au microscope toute la délicatesse des parties les plus fines de l'impression lumineuse.

»Un seul mot suffira pour révéler tout le secret du procédé : c'est de faire que l'image daguerrienne soit l'*anode* (1) d'une combinaison voltaïque dans une solution qui par elle-même n'attaquera pas l'argent ou le mercure, mais dont l'*anion*, lorsqu'elle aura été electrolysée, attaquera ces métaux inégalement. Cette idée s'est présentée à moi aussitôt après la publication du procédé de M. Daguerre; mais n'ayant pu, à la campagne où j'étais alors retiré, me procurer des plaques, j'ai négligé ce sujet d'autant plus volontiers, que d'autres occupations ne m'auraient pas permis de me livrer à cette époque à des expériences longues et minutieuses. Ayant depuis peu entendu parler de la possibilité ou mieux de l'impossibilité qu'il peut y avoir à graver ou trans-

(1) « D'après les idées que M. Faraday s'est formées sur le mode d'action de la pile de Volta, la surface du corps décomposé par laquelle entre le courant électrique a reçu le nom d'*anode*, et celle par laquelle il sort celui de *cathode*. L'anode est le pôle négatif du corps décomposé, le cathode son pôle positif. Les corps qui touchent ceux qui se décomposent sont des *électrodes*. Ceux qui se décomposent directement en leurs éléments par le moyen d'un courant électrique ont reçu de lui le nom d'*électrolytes*, et leurs éléments celui de *ions*. L'eau est un électrolyte et ses ions l'oxygène et l'hydrogène. L'ion, qu'on a jusqu'à présent considéré comme l'élément électro-négatif, s'appelle, d'après lui, *anion*, et l'autre, ou celui électro-positif, *cation*. L'oxygène, par exemple, est l'anion de l'eau, de même que l'hydrogène en est le cation. »

porter les images daguerriennes, j'ai éprouvé de nouveau le désir de faire quelques expériences en donnant suite à mes premières idées; et m'étant procuré un assez grand nombre de plaques, je me suis appliqué à chercher le moyen d'y graver en creux les dessins que la lumière solaire y a représentés.

» Il se présente naturellement cinq points distincts, qu'il convient de rappeler à l'esprit de l'expérimentateur dans le sujet en question : 1° la quantité du courant voltaïque; 2° son intensité; 3° la distance entre l'anode et le cathode; 4° la durée du procédé; 5° la solution qu'il convient d'employer.

» 1° *Quantité du courant.* — Beaucoup d'expériences préliminaires m'avaient convaincu que, pour donner le maximum à l'action quantitative la plus uniforme d'une combinaison, les électrodes devaient être de même dimension que les plaques génératrices, ou, en d'autres termes, que l'aire de section de l'électrolyte devait être la même dans toute l'étendue du circuit du courant. Il semble étrange que ce point ait pu être aussi négligé qu'il l'a été; un physicien ne monterait jamais une batterie dans laquelle un couple serait plus petit que le reste, et cependant les électrodes qui offrent par eux-mêmes une résistance au courant par l'inoxydabilité de l'anode sont, à plus forte raison, un obstacle quand ils sont de petite dimension. J'ai donc pris généralement ces électrodes infiniment plus petits que les plaques génératrices; par conséquent, sans pousser plus loin l'expérience, j'ai appliqué ce principe au procédé que je vais détailler.

» 2° *Intensité du courant.* — Ici il m'a paru, comme dans la galvanoplastie, où l'action visible se trouve au cathode, qu'un certain degré d'intensité précipite du métal sous forme de cristaux; qu'une augmentation dans cette intensité donne le cuivre sous forme de plaque métallique; une intensité plus grande encore, sous celle d'une masse pulvérulente; que le degré d'intensité qui présenterait sur le dépôt négatif les impressions les plus fines du cathode produirait également sur l'anode les plus délicates excavations, et conséquemment qu'une intensité qui ne parviendrait pas au point de dégager l'oxygène de la plaque qu'il s'agit de graver devrait nécessairement réussir; ce point néanmoins n'a pas été adopté sans un examen attentif, d'autant plus que M. Gassiot avait réussi à se procurer une très-belle gravure avec une série de dix couples de la batterie à acide nitrique (1). Les résultats des expériences multipliées dans lesquelles l'intensité a varié d'une série de seize paires à une paire de la batterie à acide nitrique ont été fortement en faveur de l'idée ci-dessus, et conséquemment ont prouvé qu'une paire

(1) Batterie ou pile voltaïque inventée par M. Grove dans laquelle on fait usage d'acide nitrique, et qui, sous un faible volume, présente des effets surprenants. Les éléments de Bunsen remplacent économiquement les piles de Grove.

donne le degré le plus efficace d'intensité pour le but qu'on se proposait.

» 3° *Distance entre les plaques.*—M. de La Rive a démontré que, dans aucune solution électrolytique, quand les électrodes sont à distance, l'action ne s'étend un peu au delà des lignes parallèles qui joindraient les limites des électrodes, et par conséquent que le courant, à ce qu'il semble, diverge et converge; il paraîtrait donc convenable de rapprocher les électrodes aussi près que possible, de manière à produire une uniformité d'action sur toute la plaque. Pourvu qu'on emploie une solution qui ne dégage pas de gaz au cathode, j'étais disposé à croire que les plaques ne pouvaient être avec avantage infiniment plus rapprochées; mais, comme cela ne s'est pas vérifié avec la solution que j'ai choisie dans le plus grand nombre d'expériences, j'ai fixé la distance à 5 millimètres (2 lignes), afin que le gaz dégagé du cathode n'adhérât pas à l'anode et n'intervînt pas dans l'action.

» 4° *Durée de l'opération.*—C'était une question que l'expérience seule pouvait décider, et cette durée doit varier avec la combinaison voltaïque employée. Avec une simple paire de la batterie à acide nitrique, 25 à 30 secondes ont été, après un grand nombre d'expériences, considérées comme un temps convenable; et comme la plaque peut à une époque quelconque être enlevée de la solution examinée, la première expérience ne doit jamais excéder 35 secondes: époque à laquelle, si elle n'est pas complète, on peut soumettre de nouveau la plaque à l'électrolysation.

» 5° *De la solution employée.*—Ici un vaste champ s'ouvrait et est encore ouvert aux expériences à faire. Admettant l'explication usuelle des images daguerriennes, qui suppose que les lumières sont dues au mercure et les ombres à l'argent, il s'agirait de se procurer une solution qui attaquât l'une de celle-ci et ne touchât pas à l'autre. Si on pouvait trouver une solution propre à attaquer l'argent, mais non le mercure, le résultat n'en serait que plus parfait attendu qu'on aurait une gravure positive, c'est-à-dire une gravure avec les lumières et les ombres telles qu'elles sont dans la nature, tandis que la copie en donnerait une négative. Malheureusement l'argent et le mercure sont très-voisins dans leurs rapports électriques. J'ai fait plusieurs expériences avec de l'argent pur et employé comme l'anode d'une combinaison voltaïque, et j'ai toujours trouvé qu'une solution qui agit sur l'un de ces métaux agit aussi sur l'autre; dans ce cas, tout ce qu'on est en droit d'espérer c'est simplement une différence d'action. Avec les plaques d'expériences, j'ai donc employé les recettes suivantes :

»De l'acide sulfurique étendu, de l'acide chlorhydrique également étendu, une solution de sulfate de cuivre, de potasse et d'acétate de plomb. En employant de l'acétate de plomb, mon but était le suivant : avec cette solution le péroxyde de plomb est précipité sur l'anode, et, cette substance étant insoluble dans l'acide nitrique, il était présumable que, les parties en argent pur de la plaque étant plus intimement revêtues d'une couche de ce péroxyde que les parties mercurialisées, ces dernières, lorsqu'on plongerait dans cette menstrue, seraient attaquées plus vivement et fourniraient une gravure négative. J'espérais aussi obtenir quelque effet curieux de la couleur des molécules légères ainsi précipitées, mais j'ai été désappointé; les couleurs se sont succédé l'une à l'autre comme sur les plaques d'acier employées dans la métallochromie et avec un éclat tout à fait inférieur. En immergeant dans de l'acide nitrique à différents degrés de dilution, ces plaques ont été inégalement attaquées et le trait est devenu empâté et défectueux. Parmi les autres solutions, l'acide chlorhydrique a été, après plusieurs expériences, considéré décidément comme la meilleure menstrue, et de plus je m'attendais bien à rencontrer cet effet dans la puissante affinité du chlorure d'argent.

»Je décrirai maintenant l'appareil et la manipulation que j'ai définitivement adoptés avec M. Gassiot, au laboratoire de l'institution de Londres. Dans un bâti en bois on a pratiqué deux rainures placées à 5 millimètres (2 lignes) de distance l'une de l'autre et dans lesquelles on a glissé, 1° la plaque qu'il s'agit de graver; 2° une plaque de platine de même dimension. Pour assurer une évolution prompte et égale de l'hydrogène, cette dernière a été platinée d'après la méthode de M. Smee; car si l'hydrogène adhère en un point quelconque du cathode, les portions opposées de l'anode éprouvent proportionnellement une moindre action. Le dos et les bords de la plaque daguerrienne ont été vernis avec une solution de gomme laque qu'on a grattée sur un des bords pour permettre d'établir le contact métallique. Le bâti en bois, avec ses deux plaques, a été ensuite placé dans un vase de verre ou de porcelaine rempli d'une solution de deux mesures d'acide chlorhydrique et une d'eau distillée; et deux fils forts en platine provenant d'un simple couple de la batterie à acide nitrique ont été mis en contact avec les bords de cette plaque tandis qu'un des expérimentateurs a compté le temps, qui, comme il a été dit, ne doit pas excéder 30 secondes.

»Lorsque la plaque ainsi traitée a été enlevée de l'acide, on la rince à l'eau distillée; et si le métal est homogène, elle présente un beau dessin couleur de terre de Sienne de l'image originale produit par des molécules de l'oxychlorure qui s'est formé. On la place alors sur un plat contenant une très-faible solution d'ammoniaque, et la surface en est doucement frottée avec du coton très-mou jusqu'à ce que le dépôt soit dissous; aussitôt que cela est effectué, on enlève immédiatement la plaque, on la plonge dans l'eau distillée, et on la sèche avec soin.

» Le procédé est actuellement complet, et on observe une gravure parfaite au trait du dessin original : quand on imprime avec cette plaque, elle donne une image positive, ou qui a ses lumières et ses ombres comme dans la nature, et qui sous ce rapport est plus correcte que l'image daguerrienne; comme les objets n'y sont pas renversés, on peut lire directement l'impression, et dans les portraits ainsi pris, les côtés droit et gauche de la figure sont dans une position convenable. Il y a, toutefois, cette difficulté relativement à la gravure des images daguerriennes: c'est que, si les plaques sont gravées à une profondeur suffisante pour une bonne impression, quelques-unes des lignes les plus fines ou points de l'original doivent nécessairement empiéter les unes sur les autres, et ainsi la beauté principale de ces admirables images se trouve détruite. D'un autre côté, si le procédé n'est suffisamment continué que pour obtenir seulement une gravure exacte du dessin original, ce qu'on peut faire, du reste, avec la plus rigoureuse perfection, le seul nettoyage de la plaque par l'imprimeur détruit aussitôt toute sa beauté; et les molécules de l'encre d'imprimerie étant plus grossières que ne l'est la profondeur du trait, il s'ensuit une impression très-imparfaite.

» C'est à cause de ces inconvénients-là qu'il m'a paru que pour le moment la plus importante partie de ce procédé est le moyen qu'il offre de multiplier indéfiniment les images daguerriennes au moyen de la galvanoplastie. Une image daguerrienne ordinaire, quand on la soumet au procédé galvanoplastique, laisse une bien faible impression, et en la traitant ainsi elle est entièrement détruite; l'impression ne peut être continuée longtemps sur cette plaque, tandis qu'une plaque gravée comme il vient d'être dit, à l'anode voltaïque, admet le tirage d'un très-grand nombre de copies. Pour donner une idée de la parfaite exactitude de celles-ci, je dirai que j'en ai préparé une où l'on voit sur la plaque galvanoplastique un écusson de 2 millim. 5 sur 1 millim. 5, sur lequel il y a cinq lignes d'inscription qu'on lit au microscope de la manière la plus distincte. Le grand avantage du procédé voltaïque sur le procédé chimique, pour la gravure des images daguerriennes, me paraît résider en ceci :

» 1° Par le premier, des menstrues infiniment variées peuvent être employées; ainsi les solutions d'acides, d'alcalis, de sels, plus spécialement les sels de la classe haloïde, tels que des sulfures, des cyanures, et par le fait tout élément qui peut être dégagé par l'électrolysation peut être employé pour agir sur la plaque.

» 2° L'action est généralisée, et les courants voltaïques locaux sont évités.

» 3° Le temps de l'opération peut être déterminé exactement, et on peut produire un trait de telle profondeur qu'on désire.

» 4° Le procédé peut être arrêté à une époque quelconque, et être repris et renouvelé aussi souvent qu'on le désire.

» Le temps que j'ai indiqué a été calculé pour des expériences faites avec un couple de la batterie à l'acide nitrique ; néanmoins il n'est pas absolument nécessaire de faire usage de celle-ci; il est probable que toute autre forme dans la combinaison doit être tout aussi efficace. Il serait plus convenable peut-être d'employer une batterie à diaphragme ou une batterie qui produisît un courant constant, attendu qu'autrement le temps ne peut pas toujours être déterminé aussi exactement. Il est indispensable que l'argent des plaques soumis à ce procédé soit homogène, car autrement des stries imperceptibles sur l'image originale daguerrienne sont instantanément produites par l'action de l'anion naissant.»

« M. Grove a fait voir quelques spécimens très-beaux de plaques gravées préparées par son procédé, ainsi que des copies galvanoplastiques remarquables, et il a cherché, en terminant sa notice, à appeler l'attention sur l'exemple curieux que ces plaques offrent des effets des agents impondérables sur les corps pondérables. C'est un nouvel art, dit-il, dans lequel, au lieu d'une plaque dessinée par un artiste, et gravée au burin par un graveur habile, on a une plaque dessinée par la lumière solaire et gravée par l'électricité.»

CHAPITRE XXIV.

DES PAPIERS IMPRESSIONNABLES.

PAPIER DE M. TALBOT (1).

La préparation du papier *calotype* se divise en deux parties assez distinctes.

Première partie. — On dissout 65 grammes (100 grains) de nitrate d'argent cristallisé dans 184 grammes (6 onces) d'eau pure. On lave avec cette solution une feuille de papier à écrire sur un de ses côtés, que l'on marque pour le reconnaître ensuite. On le fait sécher doucement ; alors on le plonge pendant deux minutes dans une solution faite ainsi :

Eau.	0,568 litre (1 pinte).
Iodure de potasse. .	32,5 grammes (50 grains).

Après cela, on lave le papier dans l'eau, puis on le sèche, et, quoique peu sensible à la lumière, on

(1) M. Talbot a bien voulu me faire cadeau de plusieurs de ses épreuves : quelques-unes sont d'un ton admirable et d'un bien bel effet. On regrette véritablement, en les voyant, que la photographie sur papier ne soit pas plus répandue dans notre pays.

a soin de le tenir enfermé dans un portefeuille. Avec cette précaution le papier peut se conserver pendant un temps indéfini. Dans cet état, je l'appelle *papier iodé*, parce qu'il est recouvert d'une couche d'iodure d'argent.

Deuxième partie. — On prend une feuille de papier iodé, et on la lave avec une solution d'argent ainsi préparée :

A. On dissout 65 grammes (100 grains) de nitrate d'argent dans 62 grammes (2 onces) d'eau pure. On y ajoute la sixième partie de son volume d'acide acétique un peu fort.

B. Solution saturée d'acide gallique cristallisé dans l'eau froide. La quantité ainsi dissoute est assez faible.

Les solutions A et B étant ainsi préparées, on les ajoute l'une à l'autre à volumes égaux, mais en petite quantité à la fois, parce que leur mélange se décompose en peu de temps. J'appelle ce mélange *gallo-nitrate d'argent.*

C'est avec ce gallo-nitrate d'argent qu'il faut laver le papier iodé, et pour s'éclairer on se sert de la lumière d'une bougie. On laisse le papier ainsi humecté pendant une demi-minute ; alors on le plonge dans l'eau ; on le sèche avec du papier brouillard, en le tenant avec précaution devant le feu.

C'est la préparation du papier calotype.

On garde ce papier enfermé dans une presse jusqu'au moment où l'on veut s'en servir. Cependant, si on s'en sert tout de suite, on peut s'épargner la peine de le sécher, puisqu'il réussit également bien lorsqu'il est un peu humide.

« *Usage du papier*. — On le met au foyer de la chambre obscure qu'on dirige sur l'objet qu'on veut peindre. Pour donner une idée du temps nécessaire, je supposerai la lentille objective de 25 millim. (1 pouce) de diamètre et de 375 millim. (15 pouces) de foyer, et que l'on dirige l'instrument sur la façade éclairée par le soleil ; alors une minute me paraît le temps le plus convenable pour la durée de l'action lumineuse. Ensuite on retire le papier et on l'examine à la lumière d'une bougie. On n'y verra probablement rien ; mais l'image y existe dans un état invisible. Pour la rendre visible, voici ce qu'il faut faire. Il faut laver le papier encore une fois avec le gallo-nitrate d'argent, puis le chauffer doucement devant le feu. On verra alors sortir comme par enchantement tous les détails du tableau. Une ou deux minutes suffisent ordinairement pour lui faire acquérir sa plus grande perfection : il faut alors le fixer d'une manière permanente. »

« *Fixation du tableau*. — Après avoir lavé le tableau, on l'humecte avec une solution ainsi faite :

Eau.	248 à 310 gr. (8 à 10 onces).
Bromure de potasse.	65 grammes (100 grains).

» Après une ou deux minutes, on doit le laver encore et le sécher. Les tableaux ainsi fixés offrent le grand avantage de rester transparents. C'est ce qu'il faut pour pouvoir en tirer de belles copies. Pour faire la copie, on peut se servir d'une deuxième feuille de papier calotype qu'on presse fortement contre le tableau, et qu'on expose ainsi à la lumière. Mais il vaut mieux se servir de papier photographique ordinaire. A la vérité, les copies alors exigent plus de temps; mais, en revanche, elles sont d'une apparence plus agréable. Le tableau fournit ordinairement plusieurs bonnes copies : alors il s'affaiblit peu à peu, et les copies ne sont plus bonnes. Mais la propriété la plus extraordinaire qu'ont les tableaux calotypes, c'est qu'on peut les rajeunir et leur rendre leur beauté primitive. Pour cela, on n'a qu'à les laver encore avec le gallo-nitrate d'argent et les chauffer doucement. Les ombres du tableau noircissent alors beaucoup, sans causer aux parties claires aucun changement. Il faut après cela renouveler la fixation du tableau, et alors on peut tirer une deuxième série de bonnes copies. »

« Comme on ne trouve pas chez tous les pharmaciens de l'acide gallique cristallisé, on peut y substituer l'extrait de noix de galle. »

« La manière dont il faut se servir du papier calotype pour obtenir des tableaux photographiques positifs par une expédition unique, fera le sujet d'une autre communication. »

A la suite de cette communication, M. Biot annonce qu'il a remis les échantillons de papiers sensibles, envoyés par M. Talbot, entre les mains de M. Regnault, membre de l'Académie, qui s'est long-temps exercé à former des images daguerriennes, lesquelles ont très-heureusement réussi. M. Biot a ajouté les remarques suivantes :

« Les papiers impressionnables devant devenir d'une grande utilité pour les voyageurs, il n'est pas sans intérêt de faire remarquer que leur usage pourra être fort amélioré, si l'on prend les précautions suivantes :

1° De les préparer toujours avec des papiers d'une pâte bien égale.

2° D'adapter à la chambre obscure des objectifs, non pas achromatiques pour la lumière, mais dont les courbures soient calculées de manière à réunir dans un même foyer toutes les radiations invisibles qui agissent le plus efficacement sur la substance impressionnable employée à leur confection.

3° De les tenir pendant très-peu d'instants en présence des objets, et de continuer le développement de l'image, hors de leur présence, par l'influence de la radiation solaire, transmise à travers un verre rouge, conformément à la propriété si ingénieusement découverte par M. Edmond Becquerel. »

PAPIER DE M. BAYARD.

Tout le monde sait que depuis bien des années, M. Bayard obtient de magnifiques épreuves sur divers papiers dont il s'est réservé la propriété. En 1839, l'Académie *des beaux-arts* signalait en ces termes la belle découverte de M. Bayard :

« D'après les détails où nous venons d'entrer, l'Académie, qui a déjà pu apprécier le mérite des dessins de M. Bayard, est aussi à même de juger par quels degrés de perfectionnements a passé, dans un si court espace de temps, un procédé qui ne peut être encore arrivé à sa dernière expression. Mais, dût-il être considéré dès ce moment comme un fait accompli, ce qu'il importe de savoir dans tous ses détails, ce sont les propriétés qui caractérisent la découverte de M. Bayard et les avantages qui doivent la rendre précieuse pour les arts.

» L'Académie sait déjà que les épreuves dues au procédé de M. Bayard sont produites sur du papier, au moyen d'une préparation qui constitue en grande partie le secret du procédé. La qualité du papier que M. Bayard juge la plus propre à assurer le succès de son opération, est celle du papier fin à la mécanique. Il préfère le papier blanc au papier de couleur dont la coloration se perd inégalement par suite de la préparation qu'il lui donne, d'où il résulte des taches qui nuisent au dessin, tandis que le papier blanc acquiert, par le fait même de cette préparation, une coloration qui, partant de la teinte rougeâtre et passant par toutes les teintes bistres pour arriver à la teinte neutre, tirant au bleu, produit un effet général aussi harmonieux qu'agréable.

» Ajoutez à cela que les dessins produits par ce procédé jouissent, du moment qu'ils ont été fixés sur le papier par un lavage, de la propriété de se conserver comme les dessins à l'aquarelle; ils peuvent se porter en voyage, se classer dans un album, se passer de main en main, sans s'altérer par le temps, sans s'effacer par le frottement.

» Nous en avons eu la preuve par l'état même dans lequel se trouvent la plupart des dessins de M. Bayard, qui circulent déjà depuis deux ou trois mois, sans avoir éprouvé d'altération sensible; il suffit, pour qu'ils gardent toute leur vigueur, qu'ils ne soient point exposés à l'effet direct d'une lumière trop vive. Ce sont donc de véritables dessins, quant aux moyens de conservation qu'ils possèdent, et quant à l'usage qui s'en peut faire; ils ne se détruisent que par ce qui détruit toute espèce de dessins dus à la main de l'homme, et par ce qui les produit eux-mêmes, par le temps et par la lumière.

» Les images sont en sens direct, ce qui est encore une des principales propriétés du procédé.

» Jusqu'ici, les applications du procédé ont principalement porté sur des masses d'édifices, sur des détails d'intérieur et des ouvrages d'art, statues, bustes, figurines, qui ont été reproduits avec autant de fidélité que de charme. Parmi d'autres applications dont son auteur le croit susceptible, et qu'il a essayées avec plus ou moins de bonheur, nous nous bornerons à mentionner celle qui consiste à reproduire l'objet imperceptible vu et agrandi au microscope solaire (1). »

« Mais une des applications que nous croyons propre à M. Bayard, et qui serait d'une grande utilité pour l'art et pour ceux qui le cultivent, ce serait la reproduction des estampes que notre auteur a déjà pratiquée avec succès (2). »

M. Vérignon (3) a composé un papier photographique qui donne d'assez jolis résultats à la chambre noire ; mais malheureusement, comme la plupart des autres papiers, il est peu sensible, c'est ce qui a engagé l'auteur a renoncer à sa fabrication.

Voici la manière de le préparer :

Le papier blanc doit d'abord être lavé avec l'eau acidulée par l'acide hydrochlorique, puis, aprés la dessiccation, passé dans une solution composée de la manière suivante : 14 parties d'eau contre 1 d'un mélange formé de 2 parties de chlorhydrate d'am-

---

(1) Les images sur papier peuvent avoir pour certains objets d'art un bien plus grand charme qu'une image daguerrienne. Les remarquables effets obtenus par M. Bayard ne peuvent laisser aucun doute à cet égard. Peut-être même arrivera-t-on avec une rapidité un peu plus grande à faire de délicieux portraits et des vues d'un très-bel effet. Mais pour tous les objets qui demandent, surtout et avant tout, une grande finesse de détail, jamais le papier ne pourra lutter avec la plaque de doublé; sa texture fibreuse sera toujours un obstacle insurmontable à ce genre de reproduction. (*Note de N.-P. Lerebours.*)

(2) L'avantage du papier de M. Bayard sur celui de M. Talbot pour la reproduction des gravures, c'est que le premier donne de suite l'image dans son véritable sens, tandis que sur le papier Talbot l'image est *inverse ou négative*, c'est-à-dire les noirs à la place des blancs, ce n'est que par un contre-calque qu'on obtient l'image directe ou positive.

(3) Le papier Vérignon est excellent pour la reproduction des gravures.

moniaque, 2 parties de bromure de sodium, et une partie de chlorure de strontium. Le papier desséché de nouveau est passé dans une solution très-étendue de nitrate d'argent. Il se forme ainsi par double décomposition un chlorure et un bromure d'argent qu'on fait noircir en exposant le papier à la lumière, environ l'espace d'une demi-heure. Le papier ainsi préparé peut rester sensible pendant une quinzaine de jours, mais au bout de ce temps le noir a pénétré de l'autre côté du papier, qui alors a perdu sa sensibilité.

Pour obtenir l'effet photographique, il suffit de tremper le papier dans une solution très-étendue d'iodure de sodium et de le porter de suite et tout humide dans la chambre obscure, en la plaçant de manière à recevoir l'image lumineuse. Au bout de douze minutes, si le temps est favorable, l'effet photogénique est entièrement produit. L'image une fois obtenue, il ne faut plus, pour fixer le dessin, que le passer dans une solution très-étendue d'hyposulfite de soude et de fer, puis le laver à l'eau pure ; l'opération est alors terminée.

M. Lassaigne avait employé, en avril 1839, pour la reproduction des gravures, sans le secours de la chambre noire, un papier qui offrait une grande analogie avec celui ci-dessus.

Nous avons entretenu nos lecteurs, dans le chapitre qui traite des verres continuateurs, des intéressantes recherches de M. Ed. Becquerel. M. Talbot paraît avoir, de son côté, vers la même époque, fait de nombreuses recherches sur les propriétés continuatrices de certains rayons appliqués à son papier calotype.

Nous ne donnerons pas la description de tous les papiers sensibles qui ont été proposés ; nous nous contenterons de citer M. Raifé pour son papier argenté, et MM. Schaefhaeult, Hunt, Petzhold. Nous ne pouvons résister cependant à donner la recette extrêmement simple d'un papier préparé par M. Ponton, et communiqué par M. Edmond Becquerel.

PAPIER DE M. PONTON.

« Il y a plusieurs mois M. Ponton fit connaître le papier suivant : sa préparation consiste à plonger une feuille de papier dans une solution de bi-chromate de potasse, à faire sécher le papier et à l'exposer ainsi à la lumière. Alors l'action de l'acide chromique sur le papier est telle, que les parties exposées au rayonnement se colorent peu à peu en prenant successivement les couleurs jaune-foncé, puis bois-foncé ; si ensuite l'on plonge le papier dans l'eau, tout le bi-chromate qui n'a pas été exposé à l'action solaire est dissous, et on n'a d'imprimées sur le papier que les parties qui ont été exposées à la lumière. A l'aide de ce papier, M. Ponton a copié des gravures avec avantage. On obtient ainsi une représentation faible des objets, les ombres étant représentées par des clairs, et *vice versâ*, comme avec des papiers de chlorure ou de bromure d'argent. En étudiant l'action de l'acide chromique sur les matières organiques sous l'influence de la lumière, action sur laquelle je travaille en ce moment, j'ai été conduit à continuer le procédé de M. Ponton, et je suis parvenu à produire un nouveau papier de manière à représenter, dans le dessin produit par l'action du rayonnement solaire, les ombres par les ombres et les clairs par les clairs, et à donner non-seulement une autre teinte au dessin, mais encore plus de vigueur. Il suffit de plonger un papier, préparé à la manière de M. Ponton et sur lequel il existe une représentation faible d'un dessin, dans une dissolution alcoolique d'iode, de laver ce papier dans l'eau, puis de le faire sécher : alors les parties qui étaient blanches deviennent bleues, et celles qui étaient jaunes restent plus ou moins claires.

» Voici le détail et l'explication de ce procédé. Ayant employé différentes sortes de papiers enduits de bichromate, je reconnus qu'ils n'étaient pas tous aptes à reproduire rapidement les dessins ; que le mode de collage influait sur la coloration de la lumière, et qu'avec du papier non collé cette coloration ne s'effectuait qu'à la longue ; dès lors je m'aperçus que la principale réaction avait lieu de l'acide chromique contenu dans le bi-chromate par l'amidon qui entrait dans la colle du papier. Alors, comme l'amidon a la propriété de former avec l'iode une combinaison d'un très-beau bleu, je pensai que sur les parties du papier qui n'avaient pas été exposées à l'action des rayons solaires, l'amidon ne s'étant pas combiné avec l'acide chromique, l'iode devait former l'iodure bleu et représenter ainsi les ombres par les ombres.

» Quand on veut, à l'aide de ce procédé, copier une gravure, on peut imiter la marche que j'ai suivie. On s'assure d'abord que le papier est bien collé et que l'amidon est répandu uniformément à la surface: pour cela on le trempe dans une légère dissolution alcoolique d'iode, puis on le lave à grande eau. Par cette seconde immersion il doit prendre une belle teinte bleue que la première immersion ne lui donnait pas. Si cette teinte est uniforme, on juge le papier convenable à l'expérience; dans le cas contraire, on pourrait le coller soi-même à l'amidon.

» On le trempe ensuite, comme l'a indiqué M. Ponton, dans une solution concentrée de bi-chromate de potasse; puis, pour que le papier soit teint d'une manière uniforme, après quelques instants d'immersion, on le comprime fortement entre des feuilles de papier brouillard, puis on le fait sécher, soit en le laissant dans le papier brouillard à l'obscurité, soit en l'approchant du feu. Ce papier, pour être bien impressionnable, doit être très-sec. Quand il est ainsi enduit de bi-chromate, on le place sur une planche, puis on le couvre de la gravure que l'on veut copier, en ayant soin que le côté du dessin soit appliqué sur le papier sensible, et avec une plaque en verre ou mieux avec une glace, on presse ces deux papiers l'un contre l'autre, et on les expose ainsi aux rayons solaires. Après un temps qui varie de 30 secondes à 15 minutes, suivant l'épaisseur du papier de la gravure, le dessin est assez marqué. (A la lumière diffuse, ce temps serait plus long.) On enlève la gravure, on lave le papier, puis on le fait sécher ; quand il est sec, on le trempe dans une légère dissolution alcoolique d'iode, et ensuite, lorsqu'il y a séjourné quelque temps, on lave dans l'eau, et on le fait sécher avec soin dans du papier brouillard, mais pas au feu, car un peu avant 100° l'iodure d'amidon se décolore. Si on juge que le dessin n'est pas assez marqué, on répète plusieurs fois cette immersion. On peut, par ce moyen, obtenir l'intensité de ton que l'on veut donner au dessin, intensité que l'on ne pourrait pas changer à volonté en employant une dissolution d'iode plus concentrée.

Quand le papier est humide, les ombres sont d'un très-beau bleu ; mais quand il est sec, la couleur devient violet-foncé. J'ai reconnu que, lorsqu'il est encore humide, si on le recouvre d'une couche de gomme arabique, la couleur du dessin se conserve en grande partie, et est plus belle quand il est sec. Quand un papier est ainsi préparé, dans les premiers instants il perd un peu de son ton, mais ensuite il conserve sa teinte violacée.

Au moyen de ce procédé, on copie avec fidélité des

gravures et des dessins, et cela à très-bas prix, car la préparation est très-peu dispendieuse et d'une facile exécution. Toutefois, la vigueur du dessin produit n'est pas aussi grande que celle de la gravure, et il n'en a pas la richesse. Les dernières teintes sont fidèlement reproduites, et cette copie se rapproche d'un dessin fait à l'estompe.

Les essais tentés pour reproduire les images de la chambre obscure au moyen de ce papier impressionnable n'ont pas encore donné de résultats complétement satisfaisants.

CHAPITRE XXV.

DU TRANSPORT DES ÉPREUVES.

Un assez grand nombre de recherches ont été faites dans le but de transporter sur pierre lithographique une image daguerrienne. Jusqu'à présent les essais ont été infructueux, et les seuls résultats auxquels on soit parvenu consistent à reporter, à l'aide d'une presse, l'image de la plaque sur une feuille de papier noir enduite d'une couche de gélatine encore humide. On laisse en presse pendant environ une demi-heure; après ce temps, on fait sécher au soleil, le papier se sépare de la plaque, et l'on voit à sa surface des traces plus ou moins complètes de la plaque daguerrienne.

CHAPITRE XX.

MÉLANGES.

CONSIDÉRATIONS RELATIVES A L'ACTION CHIMIQUE DE LA LUMIÈRE, PAR M. ARAGO.

Une lettre de M. *Edmond Becquerel* a donné lieu, au sein de l'Académie des sciences, à une communication verbale de M. Arago que nous allons reproduire le plus fidèlement possible :

Peu de temps après le vote de la loi qui accordait une récompense nationale à MM. Daguerre et Nièpce, il se manifesta, dans une petite portion du public, des opinions à mon avis très-erronées, et qui cependant m'imposèrent le devoir de montrer que la nouvelle découverte ne devait pas être seulement considérée du point de vue artistique et qu'elle enrichirait la Physique de moyens d'investigation très-précieux. Tel fut le but d'une Note qui parut dans le *Compte-rendu* de la séance *du* 19 AOUT 1839. Elle était ainsi conçue :

« Voici une application dont le Daguerréotype sera » susceptible, et qui me semble très-digne d'intérêt :

» L'observation a montré que le spectre solaire » n'est pas continu, qu'il y existe des solutions de » continuité transversales, des raies entièrement » noires. Y a-t-il des solutions de continuité pareilles » dans les rayons obscurs que paraissent produire » les effets photogéniques?

» S'il y en a, correspondent-elles aux raies noires » du spectre lumineux?

» Puisque plusieurs des raies transversales du » spectre sont visibles à l'œil nu, ou quand elles se » peignent sur la rétine sans amplification aucune, » le problème que je viens de poser sera aisément » résolu. »

Cette solution très-facile du problème que je m'étais proposé, je ne pouvais pas, en 1839, la chercher expérimentalement moi-même, l'ancienne chambre obscure de l'Observatoire ayant alors reçu une autre destination, et la nouvelle n'étant pas encore construite. Au reste, je dois supposer que mon appel fut entendu. J'ai appris, en effet, que la Société royale reçut, le 20 février 1840, un Mémoire de sir John Herschel où la question est effleurée, et chacun se rappelle ici que M. Edmond Becquerel entretint l'Académie de ce même sujet dans la séance du 13 juin 1842. M. Herschel, n'ayant pas pu disposer d'un héliostat, crut ne point devoir se prononcer positivement sur l'existence des stries dans l'image photographique du spectre. M. Ed. Becquerel, au contraire, projeta sur sa plaque iodurée un spectre stationnaire, et vit nettement, après l'expérience, dans la région de la plaque que ce spectre occupait, des stries transversales le long desquelles la matière chimique était restée intacte, ou du moins n'avait reçu aucune modification perceptible. Il reconnut, de plus, que ces stries correspondaient exactement aux lignes sombres du spectre lumineux.

Au premier aperçu, l'expérience dont je viens de parler aurait pu sembler superflue : le résultat obtenu n'était-il pas, en effet, de vérité nécessaire? Comment attendre des actions photogéniques là où la lumière manquait entièrement?

Voici ma réponse : Il n'est nullement démontré que les modifications photogéniques des substances impressionnables résultent de l'action de la lumière solaire elle-même. Ces modificatious sont peut-être engendrées par des radiations obscures mêlées à la lumière proprement dite, marchant avec elle, se réfractant comme elle. En ce cas, l'expérience prouverait non-seulement que le spectre formé par ces rayons invisibles n'est pas continu, qu'il y existe des solutions de continuité, comme dans le spectre visible, mais encore que dans les deux spectres superposés ces solutions *se correspondent exactement.* Ce serait là un des plus curieux, un des plus étranges résultats de la Physique.

Introduisons dans la discussion un élément dépendant de la vitesse de la lumière, et les conséquences de l'observation ne seront pas moins intéressantes.

Je montrai, il y a bien des années, que les rayons des étoiles vers lesquelles la Terre marche, et les rayons des étoiles dont la Terre s'éloigne se réfractent exactement de la même quantité. Un tel résultat ne peut se concilier *avec la théorie de l'émission* qu'à l'aide d'une addition importante à faire à cette théorie, dont la nécessité s'offrit jadis à mon esprit, et qui a été généralement bien accueillie par les physiciens : il faut admettre que les corps lumineux émettent des rayons de toutes les vitesses, et que les seuls rayons d'une vitesse déterminée sont visibles, qu'eux seuls produisent dans l'œil la sensation de lumière. Dans la théorie de l'émission, le rouge, le jaune, le vert, le bleu, le violet solaires sont respectivement accompagnés de rayons pareils, mais obscurs par défaut ou par excès de vitesse. A plus de vitesse correspond une moindre réfraction, comme moins de vitesse entraîne une réfraction plus grande. Ainsi, chaque rayon rouge visible est accompagné de rayons obscurs de la même nature, qui se réfractent les uns plus, les autres moins que lui : ainsi *il existe des rayons dans les stries noires* de la portion rouge du spectre ; la même chose doit être dite des stries situées dans les portions jaunes, vertes, bleues et violettes. L'expérience ayant montré que les rayons contenus dans les stries sont sans effet sur les substances impressionnables, il se trouve établi que toute augmentation ou diminution de vitesse enlève aux rayons lumineux les propriétés photogéniques dont ils étaient primitivement doués; que les rayons solaires cessent d'agir chimiquement à l'instant même où ils perdent, par un changement de vitesse, la faculté de produire sur la rétine les sensations lumineuses. Je n'ai pas besoin de faire ressortir tout ce qu'il y a de curieux dans un mode d'action chimique de la lumière dépendant de la vitesse des rayons.

Le lundi même où M. Ed. Becquerel présenta à l'Académie le résultat de l'expérience que j'avais proposée deux ans et dix mois auparavant, je l'invitai publiquement à la recommencer, en s'imposant des conditions nouvelles qui semblaient devoir jeter du jour sur la manière dont la vitesse modifie l'action chimique de la lumière. Je fis remarquer que les rayons solaires se mouvant de plus en plus vite à mesure que les milieux qu'ils traversent sont plus réfringents, on arriverait à quelque résultat utile en étudiant, comparativement et simultanément, l'action du spectre sur la plaque iodurée plongée par moitié dans deux milieux très-dissemblables : dans de l'eau et de l'air, par exemple. M. Ed. Becquerel voulut bien suivre cette idée. Voici la lettre qu'il m'écrivit à la date du 25 novembre 1842.

« Lorsque vous avez eu la complaisance de pré-
» senter à l'Académie des sciences, au mois de juin
» dernier, mon Mémoire sur la constitution du spectre
» solaire, vous avez bien voulu m'indiquer une expé-
» rience à faire dans le but de savoir si, lorsqu'une
» substance impressionnable à l'action des rayons
» solaires est plongée dans un milieu autre que l'air,
» le changement de vitesse des rayons solaires, au
» passage de l'air dans ce milieu, ne déplaçait pas

» la position des raies ou des stries transversales du » spectre des rayons chimiques.

» Je me suis empressé aussitôt de faire ces expé» riences en commençant par employer de l'eau » comme nouveau milieu. Mon départ pour la cam» pagne m'a forcé de les interrompre. Je comptais » à mon retour les reprendre avant d'en faire con» naître le résultat ; mais le mauvais état de la saison » ne m'a pas encore permis de donner suite à mon » projet. J'ai l'honneur, néanmoins, de vous adresser » le résultat de deux expériences que j'ai faites avec » la description du procédé que j'ai suivi.

» J'ai fait usage d'une petite cuve à eau en cristal, » à bords bien plans, et d'une plaque préparée à la » manière de M. Daguerre, que l'on peut placer ver» ticalement dans la cuve, de manière à ce que sa » surface soit parallèle à la face antérieure de la » cuve. Dans les deux expériences, la distance entre » la plaque iodurée et cette face a été d'un centi» mètre. On introduit alors dans une chambre ob» scure un faisceau de rayons solaires à travers une » fente étroite pratiquée dans le volet ; on réfracte » ces rayons à travers un prisme de flint bien pur, » devant lequel se trouve placée une lentille à long » foyer, de façon à obtenir un spectre solaire par » projection avec toutes ses raies. Une fois ce ré» sultat obtenu, on place devant la route du rayon » réfracté la cuve à eau, de manière à ce que le » spectre se dessine bien horizontalement avec toutes » ses raies sur la plaque iodurée et de sorte que les

» rayons violets entrent normalement à la face an-
» térieure de la cuve. On a eu soin, avant de com-
» mencer l'expérience, de verser dans cette cuve de
» l'eau jusqu'à ce que son niveau coupe longitu-
» dinalement en deux parties égales l'image du
» spectre.

» Si, au bout d'une ou deux minutes d'action on
» enlève la plaque en l'exposant à la vapeur mercu-
» rielle, on voit l'image du spectre se dessiner depuis
» la limite du vert et du bleu jusque bien au delà de
» l'extrême violet ; et, comme je l'ai dit dans le Mé-
» moire, cette image a toutes ses raies semblables à
» celles du spectre lumineux pour les portions de
» même réfrangibilité. Eh bien ! on n'aperçoit au-
» cune différence bien sensible entre l'image du
» spectre sur la portion de la plaque qui est restée
» dans l'air et celle qui s'est formée sur la portion
» qui a séjourné dans l'eau ; les raies de ces deux
» portions de spectre semblent très-bien dans le pro-
» longement l'une de l'autre, excepté toutefois dans
» les portions extrêmes du spectre chimique, à droite
» et à gauche, où les raies de l'image qui s'est pro-
» duite dans l'eau semblent se resserrer un peu entre
» elles. Cela me paraît devoir être attribué à la ré-
» fraction des rayons obliques.

» Ces deux expériences tendent à montrer que la
» nature du milieu dans lequel est plongée la sub-
» stance chimiquement impressionnable à l'action des
» rayons solaires, ne modifie pas l'action de ceux-ci,
» de sorte que l'impression du spectre solaire sur

» cette substance présente toujours les mêmes raies
» et aux mêmes places.

» Lorsque le temps le permettra, je compte re-
» prendre ces expériences, les varier et parvenir
» peut-être à des résultats plus concluants.

» J'ai l'honneur d'être, etc. »

Voilà donc les rayons solaires se comportant exactement de même dans l'air et dans l'eau. Dans l'air, cependant, suivant le système de l'émission, la lumière se meut beaucoup moins vite que dans l'eau. La vitesse est donc ici sans influence, conséquence qui, au premier aspect, semble en contradiction manifeste avec ce que nous avons déduit de la première expérience. Les deux résultats, toutefois, ne sont pas inconciliables. Une nouvelle hypothèse peut, ce me semble, les faire concorder. Au reste, chacun va en juger :

La vitesse avec laquelle un rayon lumineux *traverse* un corps donné, dépend exlusivement de la réfringence de ce corps et de la *vitesse d'émission du rayon*, de la vitesse qu'il avait dans le vide. Le rayon qui arrive à la surface de la couche d'iode à travers l'eau, possède, au point où il rencontre cette surface, une vitesse supérieure à celle qu'avait au même point le rayon qui se mouvait à travers l'air; mais *dans l'intérieur même de la couche*, à une profondeur suffisante, les deux rayons ont exactement les mêmes vitesses. Faisons dépendre les phénomènes photogéniques, non d'une action exercée à la surface, mais d'une action naissant dans l'intérieur de la couche, et toute difficulté disparaît. Seulement, chose singulière, nous sommes amenés forcément à établir une distinction essentielle entre l'intérieur et la surface d'une couche dont l'épaisseur est d'une petitesse incroyable.

En envisageant ainsi les phénomènes photogéniques, comme des exemples d'actions *moléculaires* susceptibles d'évaluations précises, tout le monde sentira combien il serait intéressant d'intercaler des chiffres dans les raisonnements généraux que je viens de présenter. On atteindra ce but en complétant d'abord les expériences à l'aide desquelles M. Dumas avait commencé à déterminer l'épaisseur de la couche d'iode sur laquelle se forment les images daguerriennes, d'après les pesées comparatives d'une large plaque argentée avant et après son ioduration. On portera ensuite, dans l'observation des positions relatives des raies obscures tracées sur la matière impressionnable, toute l'exactitude possible, même en s'aidant s'il le faut du microscope; enfin, au lieu de passer, par un saut brusque, de l'air à l'eau, on comparera les positions relatives des stries produites dans deux milieux légèrement différents en densité ou en réfringence. Dès à présent, *dans le système de l'émission*, les conséquences suivantes découlent rigoureusement de la discussion à laquelle je viens de me livrer :

Si les effets photogéniques de la lumière solaire résultent exclusivement de l'action de rayons obscurs mêlés aux rayons visibles, marchant comme eux et avec des vitesses du même ordre, les spectres superposés de ces deux espèces de rayons ont leurs solutions de continuité exactement aux mêmes places;

Si les rayons visibles produisent les effets photogéniques en totalité ou en partie, cette propriété est tellement inhérente à leur vitesse, qu'ils la perdent également quand cette vitesse s'accroît et quand elle diminue;

Les effets photogéniques de la lumière solaire, soit qu'ils proviennent de rayons visibles ou de rayons invisibles, ne peuvent pas être attribués à une action exercée à la surface de la couche impressionnable : c'est à l'intérieur de la matière qu'on doit chercher le foyer de ce genre d'action.

Les conclusions précédentes pourront être étendues quand on connaîtra l'épaisseur de la moindre couche d'iode dans laquelle s'engendrent les phénomènes daguerriens; quand il sera possible de comparer cette épaisseur à la longueur des *accès* ou à celle des ondes lumineuses.

Les faits servent autant à l'avancement des sciences que les théories; on doit donc être peu surpris de voir recueillir avec tant de soin une multitude d'expériences qui, au premier abord, paraissent seulement curieuses, mais dont le groupement peut, en réalité, servir à établir des théories, et partant, l'explication d'une foule de faits isolés.

Nous avons vu que l'explication de ce qui se passe dans la formation des images daguerriennes ne satisfait pas entièrement l'esprit : il ne serait donc pas impossible que l'adjonction de certains faits qui semblent avoir une analogie plus ou moins directe avec ces phénomènes, contribuât à infirmer, à rectifier, ou à confirmer, la théorie existante.

On pressent déjà que nous voulons parler des expériences de M. Moser et de celles qui s'y rattachent. Ces expériences sont, peut-être même à cause de ce qu'elles ont de mystérieux, des plus curieuses, et nous ne doutons pas qu'un grand nombre d'amateurs ne s'occupent à les répéter; et comme dans toutes ces expériences une légère modification dans la manière d'opérer peut amener un résultat tout différent, nous engageons instamment les expérimentateurs à tenir un journal exact de leurs observations : la multiplication des faits pouvant seule conduire à l'explication de phénomènes aussi remarquables. Que ces phénomènes soient produits *par l'action du rayonnement lumineux des corps dans la plus profonde obscurité;* qu'ils soient le résultat d'une *évaporation de matière organique entraînée par la vapeur d'eau;* ou bien enfin qu'ils soient uniquement produits par des actions *thermographiques* ou *électrogra-*

phiques, c'est ce que nous ne nous permettrons pas de discuter ; notre rôle ici est celui d'historien : nous allons donc nous borner à rapporter par ordre chronologique les expériences qui ont été faites.

SUR LA FORMATION DES IMAGES DAGUERRIENNES.

« On sait maintenant que lorsqu'une plaque iodée est laissée pendant un temps convenable dans la chambre obscure, on obtient une image immédiatement visible, sans avoir besoin de passer la plaque au mercure. Mais cette image est une *image inver se* ou *négative*, c'est-à-dire que les clairs y sont représentés en noir, et les ombres, au contraire, se tro uvent représentées par des clairs. Dans les expériences de M. Daguerre on n'attend pas que cette image négative paraisse; quand on retire la plaque de la chambre noire, on n'y aperçoit rien; mais la couche iodée est suffisamment affectée pour que l'image paraisse lorsqu'on expose la plaque aux vapeurs mercurielles. Il faut néanmoins pour cela que la plaque soit restée exposée un temps suffisant à la radiation.

» Les expériences curieuses de M. Ed. Becquerel ont montré qu'il suffisait d'un temps extrêmement court pour que la pellicule iodée reçût une impression notable, laquelle n'était pas à la vérité rendue immédiatement sensible par la vapeur de mercure; mais que si la plaque était placée ensuite pendant quelque temps au soleil sous un verre rouge, la pellicule continuait à s'impressionner et l'image pouvait, après cette nouvelle action, devenir sensible par la vapeur mercurielle. De là, la distinction établie par M. Becquerel, de *rayons excitateurs* et de *rayons continuateurs*.

» M. Moser a constaté les principaux résultats de M. Becquerel et a observé de nouveaux faits.

» Il a reconnu qu'il était nécessaire que la plaque iodée restât exposée pendant un certain temps sous l'influence des premiers rayons, dans la chambre noire, pour que l'image pût se développer ensuite sous le verre rouge; mais que si l'on prolongeait très-long-temps l'action sous le verre rouge, on voyait apparaître directement une *image négative* (sans emploi de mercure).

» M. Gaudin avait déjà reconnu que les verres jaunes sont dans cette circonstance beaucoup plus actifs que les verres rouges. M. Moser a observé ce fait curieux : une plaque iodée, qui avait séjourné dans la chambre obscure à peu près le temps convenable pour donner l'*image positive* ordinaire à la vapeur de mercure, fut placée au soleil sous un verre jaune; elle ne montrait alors aucune image : on vit aussitôt se former très-rapidement une *image négative;* celle-ci disparut au bout de quelques instants, et, après 10 à 15 minutes, il apparut à sa place une *image positive*.

» En employant des verres rouges, M. Moser n'a jamais pu obtenir d'image positive, quel que fût le temps de l'exposition; il a reconnu, au contraire, que cette transformation avait lieu très-bien sous les verres verts.

» M. Moser se trouve conduit à distinguer de la manière suivante l'action des divers rayons du spectre : sur la couche iodée intacte, les rayons violets et bleus sont les seuls actifs; ils produisent un commencement d'altération qui n'est pas visible directement, mais qui le devient par l'action de la vapeur mercurielle quand cette altération est arrivée à un certain point. Mais on peut distinguer deux périodes dans cette altération progressive de la couche iodée : à la fin de la première période, la couche iodée est tellement modifiée, que les rayons rouges et orangés agissent maintenant aussi bien que les rayons bleus et violets; mais les rayons jaunes n'agissent pas encore; car, si l'on retire la plaque trop tôt de la chambre obscure, on voit que les rayons jaunes sont tout à fait inactifs. A la fin de la seconde période les rayons verts et jaunes agissent à leur tour; la plaque est alors à peu près au point où l'image devient visible sous l'influence des vapeurs mercurielles.

» Une plaque iodée a été placée dans la chambre obscure et laissée pendant plus d'une heure dirigée sur des objets éclairés par le soleil, de manière à présenter une *image négative* très-distincte; cette image a été mise ensuite en plein soleil; au bout de quelques minutes l'image négative avait disparu et l'on vit apparaître à sa place une *image positive* tout aussi nette, dans laquelle les clairs avaient une nuance verdâtre et les ombres une couleur d'un rouge-brun-foncé. M. Moser attribue ce dernier effet aux rayons jaunes et verts.

» On voit par ces expériences de M. Moser, qu'il y a deux images qui se forment successivement et directement sur la plaque. M. Moser a cherché s'il ne s'en formait pas encore d'autres; pour cela il a pris deux plaques dont l'une fut passée à l'iode et la seconde au chlorure d'iode; il plaça chacune de ces plaques dans une chambre noire particulière dont les lentilles étaient dirigées sur des maisons éloignées; les chambres noires étaient renfermées dans une pièce complétement obscure, pour éviter l'action de la lumière diffuse. La saison était très-favorable, on était en hiver : l'expérience fut prolongée pendant treize jours; au bout de ce temps on trouva des images positives sur les deux plaques. La plaque au chlorure d'iode présentait l'image la plus vive; elle était d'un très-bel aspect par la vivacité de ses couleurs; les clairs étaient d'un bleu de ciel bien franc et les ombres d'un rouge de feu très-intense. M. Moser regarde ces images comme étant toujours la première image positive.

» La plaque au chlorure d'iode ayant été plongée dans la dissolution de l'hyposulfite de soude, les couleurs disparurent immédiatement, et l'on vit paraître l'*image négative*.

» M. Moser a fait ensuite une série d'expériences avec des rayons polarisés, dans le but de rechercher si les rayons qui produisent les images se différenciaient sous ce rapport des rayons lumineux ; il n'a pu constater aucune différence.

» En plaçant au-devant de la lentille de la chambre obscure un prisme de chaux carbonatée achromatisé pour une des images et dirigeant la lentille sur une statue, il obtint deux images parfaitement distinctes et nettes, bien qu'une seule des deux images parût achromatique à l'œil.

» M. Moser prit également les épreuves des anneaux colorés et des figures données par la lumière polarisée dans les plaques cristallines, verres trempés, etc., etc. ; dans toutes ces circonstances les images se trouvèrent semblables à celles que l'on voit à la vue directe.

» On sait depuis long-temps que si l'on écrit avec certaines substances sur une plaque de glace bien polie, qu'ensuite on efface les caractères, et qu'on nettoie complétement la surface, les caractères reparaissent toujours quand on y projette de l'humidité par le souffle de l'haleine. M. Moser a reconnu que ce phénomène se présentait pour tous les corps polis, et quelle que soit la matière avec laquelle les caractères ont été tracés. Ainsi, on l'obtient d'une manière très-marquée en soufflant l'haleine sur la plaque de glace, et traçant immédiatement quelques caractères avec un pinceau très-propre; si l'on vient à souffler de nouveau l'haleine dessus après que la première humidité s'est évaporée, on voit reparaître les caractères. Le même phénomène se présente, même après plusieurs jours, à la surface du mercure, pourvu qu'on laisse ce liquide parfaitement tranquille. On l'observe aussi en plaçant sur une plaque polie un écran découpé, et projetant ensuite l'haleine sur l'écran. La vapeur d'eau qui se condense à l'endroit des découpures étant évaporée, on reconnaît toujours, d'après M. Moser, en soufflant de nouveau l'haleine sur la plaque, la place occupée par les caractères à la première insufflation.

» M. Regnault pense que, dans ces dernières expériences, la petite quantité de matière grasse qui se trouve constamment à la surface des corps, ou qui peut être envoyée par l'haleine, peut jouer un grand rôle; en se déposant différemment à la surface de la plaque, elle peut modifier suffisamment la nature de cette surface, pour que la modification devienne sensible par des réflexions inégales de lumière produites sur les dépôts inégaux de la vapeur.

» M. Moser a reconnu que la vapeur d'iode et la vapeur de mercure se prêtent très-bien à la manifestation des images; dans le cas où la vapeur d'iode seule ne manifestait pas l'image, on la faisait naître ordinairement en exposant ensuite la plaque aux vapeurs du mercure.

» Une plaque d'argent fut iodée comme pour les épreuves daguerriennes. On plaça sur cette plaque des objets divers, des médailles métalliques et non métalliques. L'objet étant enlevé, on reconnaissait quelquefois immédiatement sa place; mais c'est surtout en exposant la plaque aux vapeurs du mercure que l'image paraissait d'une manière assez nette, pour que l'on pût reconnaître parfaitement bien des figures, des lettres, etc.

» Cette expérience réussit tout aussi bien dans une *obscurité complète*, pendant la nuit, que sous l'influence de la lumière.

» Une plaque iodée traitée de la même manière, ne présentait aucune image après l'enlèvement de l'objet; mais l'image parut immédiatement, avec la plus grande netteté, quand la plaque fut exposée à la lumière diffuse ou au soleil.

» On n'obtient même une image sensible sur une plaque d'argent très-bien polie et n'ayant jamais servi, sans *la passer préalablement à l'iode :* on l'expose, après le contact de l'objet, à la vapeur de mercure. La même expérience a réussi avec des plaques d'autres métaux.

» M. Moser conclut de ces expériences que, lorsqu'une surface a été touchée dans certaines parties par un corps, elle a acquis la propriété de condenser les vapeurs des substances qui ont pour elle une certaine force d'adhésion, d'une autre manière dans les parties touchées que dans celles qui n'ont pas été au contact. De sorte que le contact aurait produit ici une modification analogue à celle de l'action de la lumière.

» Parmi les expériences faites par M. Moser, je citerai la suivante : Une plaque d'argent fut iodée pendant la nuit et dans une obscurité complète; on plaça ensuite sur la plaque une médaille taillée en agate, une plaque métallique gravée, un anneau en corne, etc. La plaque fut ensuite soumise aux vapeurs mercurielles; on vit apparaître les images parfaitement nettes des figures gravées sur l'agate, des lettres gravées sur la plaque métallique, de l'anneau, etc.

» Des plaques traitées de la même manière furent exposées, après le contact, à la lumière diffuse ou à la lumière solaire, et l'on vit apparaître directement des images tout aussi nettes. Enfin les expériences furent faites en exposant la plaque impressionnée, sous des verres colorés aux radiations solaires : on n'obtint que des traces d'images sous les verres rouges et jaunes; les images furent, au contraire, très-nettes sous les verres violets.

» Une plaque d'argent, qui n'avait pas encore servi, fut polie avec le plus grand soin, puis placée sous un écran noir dans lequel on avait découpé des caractères; l'écran ne touchait pas la plaque. L'appareil fut placé pendant plusieurs jours à la lumière solaire. La plaque ayant été ensuite exposée aux vapeurs mercurielles, l'image des découpures parut d'une manière parfaitement nette.

» La même expérience réussit très-bien avec une plaque de cuivre, en l'exposant ensuite à la vapeur d'iode.

» Enfin on obtint le même résultat sur une plaque de glace en projetant dessus l'haleine, après le contact.

» Les expériences précédentes montrent qu'au contact il se forme à la surface des corps polis des modifications analogues à celles que ces corps éprouvent sous l'influence de la lumière. Mais voici un résultat bien plus extraordinaire de M. Moser : c'est que le même phénomène se produit dans l'obscurité la plus complète, par les corps placés à distance. M. Moser énonce ce fait de la manière suivante : *Lorsque deux corps sont suffisamment rapprochés, ils impriment leur image l'un sur l'autre.*

» Les expériences ont été faites dans une obscurité complète, la nuit ; les plaques et les corps produisant image, étaient placés dans une boîte fermée, située elle-même dans une chambre complétement obscure. Les images paraissaient quelquefois au bout de dix minutes d'action.

» M. Moser a cherché si la phosphorescence jouait un rôle dans ce phénomène ; il n'a pu observer aucune différence entre l'action d'un corps laissé depuis plusieurs jours dans une obscurité complète et celui qui venait d'être exposé à l'action des rayons solaires. Ce résultat fut très-net pour une plaque d'agate qui fut exposée au soleil, la moitié de sa surface étant garantie des rayons solaires. Il fut impossible de distinguer sur l'image obtenue au moyen de cette agate sur une plaque d'argent polie, la partie soumise à l'insolation, de la partie qui était restée couverte.

» Les vapeurs ne sont pas essentielles pour manifester ces phénomènes. Ainsi, une plaque d'argent iodée étant soumise, dans l'obscurité complète, à l'action d'un corps placé à petite distance, pendant un temps suffisant, on voit paraître l'image ; les parties qui ont été le plus influencées sont noircies d'une manière très-sensible.

» La seule manière d'expliquer la formation d'images distinctes dans ces circonstances, si on l'attribue à des radiations, consiste évidemment à admettre que ces radiations diminuent extrêmement rapidement d'intensité avec l'obliquité. C'est, en effet, ce qu'admet M. Moser.

» M. de Humboldt annonce, dans sa Lettre, que les expériences de M. Moser sur la formation des images dans l'obscurité, au contact et à petite distance, ont été répétées avec plein succès à Berlin par M. Aschersohn, en sa présence et en celle de l'astronome M. Encke.

» Une vignette gravée en creux dans une plaque d'alliage métallique a été placée sur une plaque d'argent parfaitement polie et non iodée, et laissée pendant 20 minutes : l'image était peu marquée, mais elle est devenue plus nette en iodant la plaque et la passant ensuite au mercure. Dans une autre expérience, on a placé sur la plaque d'argent polie un camée en cornaline portant une inscription; les lettres étaient parfaitement lisibles sur l'image.

» M. Aschersohn a obtenu des traces d'images très-distinctes en plaçant la plaque d'alliage gravée, à une distance d'environ un tiers de ligne de la plaque d'argent.

L'auteur résume ainsi ses recherches :

» 1° La lumière agit sur tous les corps, et sur tous de la même manière : les actions connues jusqu'à ce jour ne sont que des cas particuliers de ce fait général.

» 2° L'action de la lumière consiste à modifier les substances de telle sorte qu'après avoir éprouvé cette action, elles condensent les diverses vapeurs autrement qu'elles ne le feraient sans cela : la découverte de M. Daguerre repose là-dessus et présente un cas particulier de cette action générale.

» 3° Les vapeurs sont condensées plus ou moins fortement par les substances ainsi modifiées, suivant leur élasticité et l'intensité de l'action lumineuse.

» 4° L'iodure d'argent commence, comme on sait, par noircir sous l'influence de la lumière.

» 5° Si l'action de la lumière est prolongée, l'iodure se transforme en iodure coloré.

» 6° Les rayons différemment réfrangibles ont une seule et même action, et il n'y a de différence que dans le temps qu'ils mettent à produire un effet déterminé.

» 7° Les rayons bleus et violets, et les rayons obscurs, découverts par Ritter, commencent rapidement l'action sur l'iodure d'argent; les autres rayons mettent à produire le même effet d'autant plus de temps que leur réfrangibilité est moindre.

» 8° Cependant l'action (5°) est plus rapidement commencée et effectuée par les rayons rouges et jaunes; les autres rayons emploient d'autant plus de temps qu'ils ont une plus grande réfrangibilité.

» 9° Tous les corps rayonnent de la lumière, même dans une obscurité complète.

» 10° Cette lumière ne paraît pas se rattacher à la phosphorescence, car on n'aperçoit aucune différence, que les corps aient été long-temps placés dans l'obscurité, ou bien qu'on les ait exposés à la lumière du jour, ou même aux rayons solaires directs.

» 11° Les rayons émanés des différents corps agissent, comme la lumière, sur toutes les substances, et produisent les effets indiqués (2° et 4°).

» 12° Ces rayons, insensibles sur la rétine, ont une réfrangibilité plus grande que ceux qui proviennent de la lumière solaire, directe ou diffuse.

» 13° Deux corps impriment constamment leurs images l'un sur l'autre, même lorsqu'ils sont placés dans une obscurité complète (1°), (9°) et (11°).

» 14° Cependant, pour que l'image soit appréciable, il faut, à cause de la divergence des rayons, que la distance des corps ne soit pas très-considérable.

» 15° Pour rendre une semblable image visible, on peut se servir d'une vapeur quelconque, par exemple de la vapeur d'eau, de mercure, d'iode, de chlore, de brôme ou de chlorure d'iode, etc., etc.

» 16° Comme les rayons que les corps envoient ainsi spontanément ont une réfrangibilité plus considérable que ceux qui étaient connus jusqu'à présent, ce sont eux aussi qui ordinairement commencent les actions sur les autres substances avec le plus d'intensité (7).

» 17° Il existe une lumière latente, de même qu'une chaleur latente.

» 18° Lorsqu'un liquide se vaporise, la lumière qui correspond à une certaine durée d'oscillation devient latente, et se trouve remise en liberté lorsque la vapeur se condense en gouttes liquides.

» 19° C'est pour cela que la condensation des vapeurs produit en quelque sorte les mêmes effets que la lumière : ainsi se trouve expliqué le rôle de la vapeur (2°) et (15°).

» 20° La condensation des vapeurs sur les plaques agit comme la lumière, que la vapeur en excès adhère simplement, comme fait la vapeur d'eau sur la plupart des substances, ou d'une manière perma nente, comme fait habituellement le mercure, ou enfin se combine chimiquement avec la substance, comme, par exemple, la vapeur d'iode avec l'argent.

» 21° La lumière latente de la vapeur de mercure est jaune; toutes les actions que produisent les rayons jaunes peuvent être obtenues par la condensation de la vapeur de mercure.

» 22° La couleur latente de la vapeur d'iode est bleue ou violette; les actions des rayons bleus ou violets peuvent être également reproduites par la condensation de la vapeur d'iode.

» 23° Les couleurs latentes du chlore, du brôme, du chlorure d'iode et du bromure d'iode paraissent peu différer, quant à la réfrangibilité, de celle de l'iode.

» 24° Quant à la couleur latente de la vapeur d'eau, je puis dire seulement qu'elle n'est ni verte, ni jaune, ni orange, ni rouge.

» 25° L'iodure d'argent doit sa sensibilité pour les rayons visibles à la lumière latente de la vapeur d'iode.

» 26° L'iodure d'argent n'est pas plus sensible aux rayons invisibles que ne l'est l'argent lui-même. »

LETTRE DE M. BREGUET A M. ARAGO CONFIRMANT LES EXPÉRIENCES DE M. MOSER.

« Les faits remarquables qui viennent d'être découverts par M. le professeur Moser, et dont la communication a été faite dernièrement à l'Académie par M. Regnault, me rappellent quelque chose d'analogue que nous avons observé de temps à autre dans l'intérieur des boîtes de montres en or, et dans l'intérieur même de machines dont toutes les pièces étaient en cuivre jaune.

» Tout le monde sait que, lorsqu'on ouvre le fond d'une montre, on aperçoit un second fond, appelé la *cuvette*, sur laquelle est gravé le nom du fabricant. Ce second fond est très-près du premier; il y a entre eux l'épaisseur d'un dixième de millimètre tout au plus. Eh bien ! nous avons eu souvent occasion de voir sur le fond l'image renversée et très-distincte du nom gravé sur la cuvette.

» Dans des machines où des pièces se trouvaient être aussi placées à de très-petites distances, nous avons vu aussi quelquefois sur l'une d'elles la représentation de signes plus ou moins remarquables.

» Nous avions trouvé ces faits fort curieux, nous les avions même communiqués à quelques personnes; mais, n'ayant pas eu le temps d'observer toutes les particularités du phénomène, nous nous étions abstenu jusqu'ici d'en faire mention.

» Mais maintenant que cela entre dans le domaine de la science, ce n'est peut-être pas trop oser que de présenter ainsi des faits sans les accompagner d'observations accessoires ; car, plus ils seront multipliés, et plus promptement on arrivera à l'explication d'un phénomène si remarquable. »

SUR LES IMAGES QUI SE FORMENT SUR LA SURFACE D'UNE GLACE OU DE TOUT AUTRE CORPS POLI, ET REPRODUISENT LES CONTOURS D'UN CORPS PLACÉ TRÈS-PRÈS DE CETTE SURFACE, MAIS SANS CONTACT IMMÉDIAT; PAR M. MOSER.

« Je suis aujourd'hui dans le cas de pouvoir vous donner quelques éclaircissements sur cette image curieuse dont vous me parlez et que le célèbre sculpteur M. Rauch a vue naître sur l'intérieur d'une glace placée, pendant un grand nombre d'années, au-devant d'une gravure d'après Raphaël, mais sans être en contact avec la gravure. Je me souviens d'avoir vu moi-même quelque image semblable sur de la porcelaine, sans y avoir fait alors beaucoup d'attention; une série d'expériences et d'observations directes m'ont mis sur la voie du phénomène, qui est tellement connu des personnes qui encadrent les gravures, que toutes, à Kœnisberg, en parlent comme d'une chose très-commune. Je trouvai déjà, dans mes premiers essais, qu'il ne faut heureusement pas un temps très-long pour produire ces images : je les obtins par les rayons invisibles sur une glace, après deux jours; je n'avais employé aucune vapeur. La glace avait une teinte plus blanche dans la partie altérée par les rayons invisibles; l'image était assez distincte et facile à détruire par frottement. Dans cette première expérience il y avait contact; il fallait opérer à distance : une *planche gravée* demeura neuf jours à une distance de deux dixièmes ou trois dixièmes de ligne de la glace. L'image de la partie gravée de la planche était aussi distincte sur la glace qu'au contact immédiat.

» Ces mêmes images, je les ai obtenues sur cuivre, laiton, zinc et même sur de l'or, en cinq jours ; elles sont d'une grande finesse, mais faciles à détruire par le frottement. Ayant constaté déjà qu'il n'existe pas d'effet d'un certain genre de rayons qui ne puisse aussi être produit par des rayons d'une autre réfrangibilité, je devais prévoir que les phénomènes seraient les mêmes si j'employais la lumière visible dans une intensité convenable. J'ai facilement réussi à obtenir ces images que j'appelle *images de Rauch*, au moyen de la lumière solaire, sur cuivre, zinc, argent et laiton. Occupé, dans ce moment, d'autres expériences qui m'intéressent vivement, je n'ai pu suivre le phénomène dans l'air raréfié, il est assez commun d'ailleurs de trouver des *images de Rauch* dans l'intérieur de nos montres de poche. En ôtant la capsule (le couvercle) de derrière, on trouve représentées, surtout sur les couvercles de laiton, différentes parties de l'intérieur de la montre. Ces images sont aussi blanchâtres et se détruisent par frottement ; elles deviennent plus nettes, plus intenses, en soufflant dessus ou en les iodant. J'espère pouvoir vous communiquer bientôt des résultats curieux sur la transmission des rayons invisibles à travers quelques substances. »

SUR LES IMAGES PRODUITES A LA SURFACE D'UN MÉTAL POLI PAR LA PROXIMITÉ D'UN AUTRE CORPS.

(PAR M. MOSER.)

« Je m'empresse de vous communiquer mes nouvelles recherches sur la formation des images produites par l'action des rayons invisibles. Lorsque ces rayons ont agi, l'image ne paraît qu'en soufflant sur la plaque ou en l'exposant à la vapeur d'une tension plus élevée. Si les rayons invisibles ont agi pendant long-temps (comme c'est le cas dans les gravures opposées, sans contact, à une glace), l'humidité de l'atmosphère suffit. Cette humidité se condense sur les parties qui ont éprouvé l'action des rayons; les vapeurs y adhèrent. L'image se montre comme lorsque des vapeurs de mercure adhèrent à la plaque soumise au procédé daguerrien. Cette explication, sur laquelle il ne me reste aucun doute, m'a conduit aux inductions qui suivent. J'ai déjà prouvé que des rayons de toute réfrangibilité produisent les mêmes effets, mais qu'ils exigent un temps plus ou moins long. Si donc les rayons invisibles condensent les vapeurs contenues dans l'air, les rayons visibles doivent faire la même chose si on les fait agir pendant long-temps et avec une grande intensité. Une plaque restera long-temps exposée au soleil, et, quoique élevée à une haute température, elle se couvrira de *rosée*. J'ai, en effet, exposé l'été dernier des plaques de métal et de verre couvertes d'écrans dans lesquels j'avais fait des découpures, c'est-à-dire dont j'avais enlevé des parties, pendant plusieurs heures, au soleil. J'obtins des images très-nettes représentant les découpures, les parties de l'écran enlevées. Ces images étaient entièrement semblables à celles que vous m'avez envoyées et qui s'étaient formées, pendant de longues années, en regard d'une gravure. Dans mon expérience directe la vapeur de l'atmosphère s'était précipitée sur les plaques, quoique celles-ci n'étaient aucunement au-dessous de la température de l'air, condition requise par la rosée ordinaire. Je me trouve forcé d'admettre que du soleil émanent deux forces, la lumière et la chaleur. Sous le rapport de la composition de la rosée, elles ont des propriétés diamétralement opposées. Notre théorie de la rosée n'était donc pas complète : on ne connaissait pas le rôle que joue la lumière dans ce phénomène. Pour faire voir comment la chaleur peut favoriser la formation des images et l'adhésion de l'humidité, je vous rappellerai que dans mes expériences l'élévation de température d'une plaque de laiton gravée au burin favorise la production des images. La vapeur se condense très-rapidement sur la plaque polie qui est en contact avec la plaque gravée, quoique la dernière soit fortement chauffée. Dans la production de ces images, le contact immédiat n'est aucunement nécessaire, on peut éloigner les deux plaques, celle qui donne de celle qui reçoit, par l'interposition de lames de mica. La chaleur favorisera encore la production des images, mais l'action sera plus lente et plus faible. Lorsqu'on échauffe trop, après que l'image est déjà formée, la vapeur condensée se dissipe de nouveau. J'ai été très-satisfait d'apprendre que vous ayez bien voulu communiquer ma dernière lettre à l'Académie des sciences. J'ai envoyé, d'après vos conseils, à l'Académie de Berlin des images produites par des rayons invisibles. J'ai exposé en même temps mes doutes sur l'identité de la lumière et de la chaleur. Je suis toujours occupé d'expériences sur la lumière latente. C'est un travail difficile et qui demande beaucoup de repos et de la patience. »

SUR LES CAUSES QUI CONCOURENT A LA PRODUCTION DES IMAGES DE MOSER; PAR M. FIZEAU.

« . . . . . Depuis mon retour je me suis activement occupé des singuliers phénomènes observés par M. Moser, et j'espère avoir l'honneur de présenter prochainement à l'Académie un travail sur ce sujet. Je me bornerai donc ici à vous parler des résultats généraux auxquels je suis parvenu.

» Les expériences que j'ai faites jusqu'ici ont pour

la plupart confirmé les faits annoncés; mais je dois dire que toutes m'ont conduit à envisager ce sujet sous un tout autre point de vue que celui de M. Moser.

» Loin de penser qu'il faille admettre de nouvelles radiations s'échappant de tous les corps, même dans une obscurité complète, et soumise dans leur émission à des lois toutes spéciales, je suis convaincu qu'aucune espèce de radiations ne doit être invoquée dans l'explication de ces phénomènes, mais qu'il faut plutôt les rattacher aux faits connus que je vais rappeler.

» 1° La plupart des corps sur lesquels nous opérons ont leur surface revêtue d'une légère couche de matière organique, analogue aux corps gras, et volatile, ou au moins susceptible d'être entraînée par la vapeur d'eau.

» 2° Lorsque l'on fait condenser une vapeur sur une surface polie, si les différentes parties de cette surface sont inégalement souillées par des corps étrangers, même en quantité extrêmement petite, la condensation se fait d'une manière visiblement différente sur les diverses parties de cette surface.

» Lors donc que l'on exposera une surface polie et pure au contact ou à une petite distance d'un corps quelconque à surface inégale, il arrivera qu'une partie de la matière organique volatile dont cette dernière surface est revêtue sera condensée par la surface polie en présence de laquelle elle se trouve; et comme j'ai supposé que le corps présentait des inégalités ou des saillies et des creux, c'est-à-dire que ses différents points étaient inégalement distants de la surface polie, il en résultera un transport inégal de la matière organique sur les différents points de cette surface : aux points correspondant aux saillies du corps, la surface polie aura reçu plus; aux points correspondant aux creux, elle aura reçu moins : il en résultera donc une sorte d'image, mais ordinairement invisible. Si l'on fait condenser alors une vapeur sur cette surface polie, on voit qu'elle se trouve dans les conditions que je rappelais tout à l'heure; et que la condensation va se faire d'une manière visiblement différente sur les différents points, c'est-à-dire que l'image invisible deviendra visible.

» Voilà en raccourci l'idée que mes expériences m'ont conduit à me former au sujet des phénomènes nouveaux observés par M. Moser. A ce point de vue leur étude présente sans doute moins d'intérêt qu'à celui du physicien de Konigsberg ; cependant le rôle singulier que paraît jouer ici cette matière organique, que l'on retrouve à la surface de presque tous les corps, peut faire espérer quelques lumières sur sa nature et ses propriétés encore si peu connues. »

SUR LA FORMATION DES IMAGES DE MOSER.

(Extrait d'une lettre de M. Knorr, communiquée par M. Breguet.)

» Je me suis occupé, durant quatre semaines, à poursuivre les découvertes de M. Moser, de Konigsberg, sur la lumière obscure. J'ai écrit sur cet objet un petit mémoire que j'ai lu à la séance de notre Société savante, le 7 (19) novembre 1842. Je n'y exposai que des faits nouveaux découverts par moi, sans entrer dans des spéculations théoriques; mais je crois que ces faits prouvent suffisamment que toutes les actions que M. Moser attribue à la lumière obscure doivent leur origine à la chaleur. Aussi je viens de créer un art tout nouveau, que j'ai nommé *thermographie;* car j'ai trouvé qu'on peut obtenir des images visibles sans aucune condensation de vapeur sur les plaques, simplement par l'action de la chaleur. Il y a pour cela trois méthodes différentes : par la première, on peut obtenir des images en 8 et jusqu'à 15 secondes; mais on ne réussit pas toujours : la seconde ne paraît applicable que pour les corps qui ne sont pas très-bons conducteurs de la chaleur; la troisième mérite la préférence, parce qu'on réussit le mieux, et presque toujours, mais il faut 8 à 10 minutes pour obtenir une image. Ainsi j'ai reçu des épreuves de monnaies de platine, d'or, d'argent, des plaques de cuivre et de laiton gravées, des pierres gravées, d'acier et de verre, même de gravures imprimées sur papier ordinaire; les images se formaient sur des lames de cuivre plaquées d'argent, ou de cuivre pur, sur de l'acier et du laiton. »

A la même époque, c'est-à-dire le 13 février 1843, M. Fizeau rappelait à M. Arago que, par suite de sa première communication (voyez page 191), il considérait déjà alors ces faits nouveaux; c'est-à-dire la formation des images qui se montrent sur une surface polie lorsque des corps sont placés très-près de cette surface, contrairement à l'opinion de Moser, comme étrangers à toute espèce de radiations, et qu'il les rattachait à l'existence bien constatée de matières grasses et volatiles qui souillent la plupart des corps à leur surface.

EXPÉRIENCES DE M. KARSTEN RELATIVES A LA FORMATION DES IMAGES DE MOSER.

« En plaçant une médaille sur une plaque de verre au-dessous de laquelle se trouve une plaque métallique, M. Karsten (le fils du minéralogiste) a reconnu qu'il se forme une image sur la surface supérieure du verre lorsqu'on fait tomber l'étincelle d'une machine électrique sur la médaille (1). Si la médaille re-

(1) Nous avons répété plusieurs fois les expériences décrites ci-après; c'est une sorte de verre jaune qui nous a donné les résultats les plus prompts et les plus satisfaisants.

pose sur plusieurs plaques de verre et que la dernière soit en contact avec une plaque de métal, l'étincelle engendre des images sur toutes les plaques, mais seulement à leurs surfaces supérieures. Les images les plus faibles correspondent aux plaques les plus éloignées de la médaille. Ces images ne deviennent visibles qu'en les exposant à de la vapeur d'iode ou de mercure. L'étincelle est nécessaire. M. Karsten n'a pas réussi avec l'électricité de la pile. »

« J'ai été voir les expériences de M. Karsten. L'effet est instantané et les dessins sont de la plus grande pureté... L'électricité émanant avec plus d'intensité des parties saillantes ou convexes de la médaille, change en pénétrant vers le bas l'état moléculaire des plaques de verre. L'image devient visible par le souffle le plus léger. La vapeur d'eau se dépose en gouttelettes sur toutes les parties dont l'état moléculaire a changé, tandis que la vapeur se répand uniformément là où l'électricité n'a pas sensiblement altéré la plaque. L'image ne devient réellement visible que par la présence des gouttelettes (1). »

M. Poggendorff ayant eu connaissance des expériences de M. Moser, s'occupa aussitôt de les répéter

---

(1) M. Masson a obtenu, il y a quelque temps, des images très-curieuses à l'aide d'un procédé analogue, quoique différent en certains points. Il pose une médaille sur un gâteau de résine, puis fait passer une étincelle électrique à travers la médaille. L'image se trouve alors formée sur le gâteau de résine; pour la faire paraître il n'y a plus qu'à insuffler sur le gâteau un mélange de minium et de soufre, ce qui se fait à l'aide d'un petit soufflet bien connu des physiciens. Le minium s'attache à certains points déterminés du gâteau de résine et y dessine les parties saillantes du modèle. (*Note de l'éditeur.*)

en les variant. D'après les résultats obtenus, il pense que la chaleur seule joue un rôle dans ces sortes de phénomènes et que c'est à tort que M. Moser les attribue à l'action de la lumière obscure. De là, il insiste pour que l'art nouveau prenne le nom de thermographie.

Voici quelques-unes des plus curieuses expériences faites par M. Knorr. Malheureusement quoique assez simples, elles ne sont pas, de l'avis même de l'auteur, assez constantes pour qu'on puisse en tirer des lois scientifiques.

Au-dessus de la flamme d'une lampe de Berzélius il place une planche de cuivre de 20 pouces carrés, sur laquelle il pose les plaques qui doivent recevoir les images; et sur celles-ci (1), l'objet à copier. Le tout chauffé lentement, jusqu'au degré où une plaqu, de cuivre bien poli commence à changer de couleure on éteignait la lampe, et on retirait les objets.

A une température constante de 0 centigrade aussi bien pour les plaques que pour les objets, l'action fut à peu près nulle quoique le contact fût prolongé de 2 à 9 heures.

La même planche gravée mise en contact avec une planche de cuivre bien polie et exposée ensuite à un froid de 20 à 25 degrés pendant 10 ou 12 heures, donna par le procédé de M. Moser une image d'une netteté et d'une vigueur remarquables.

Ayant fait abaisser la température des mêmes ob-

(1) Elles avaient environ 1/6 à 1/2 ligne d'épaisseur.

jets en les exposant au froid pendant 2 heures, puis les ayant mis en contact, les circonstances et l'exposition étant les mêmes que ci-dessus, on n'obtint aucun résultat.

M. Knorr, comme on voit, a obtenu des images visibles sans aucune condensation de vapeur, mais par la seule action de la chaleur.

Il fit aussi l'expérience suivante :

Ayant poli une planche de cuivre avec du nitrate de mercure, il la débarrassa de tout excédant en la lavant à grande eau. Puis, quand elle fut sèche, il la frotta avec un morceau de peau et quelques gouttes de mercure, de manière à lui donner l'aspect d'un miroir.

Il prit une gravure et la plaça doucement sur la plaque ainsi préparée, et ayant mis en double plusieurs feuilles de papier, il obtint un contact parfait en pressant le tout soit avec une planche bien dressée, soit avec une glace épaisse. Il laissa le tout pendant environ 1 ou 2 heures (1), puis exposa la plaque à la vapeur du mercure très-doucement chauffé, au bout de quelques secondes l'image commence à paraître, la vapeur de mercure fait blanchir tout ce qui correspond aux parties blanches de la gravure dont on a une reproduction identique mais un peu floue. Si l'on expose quelques instants la même plaque au-dessus d'une boîte à iode, la vapeur s'attache aux

(1) Ce temps peut être beaucoup diminué en chauffant la plaque très-légèrement.

parties non modifiées par le mercure et les noircit.

Le dessin résultant des vapeurs de mercure et d'iode ressemble beaucoup à une épreuve de daguerréotype, dont il a aussi la fragilité.

FIN DE LA QUATRIÈME PARTIE.

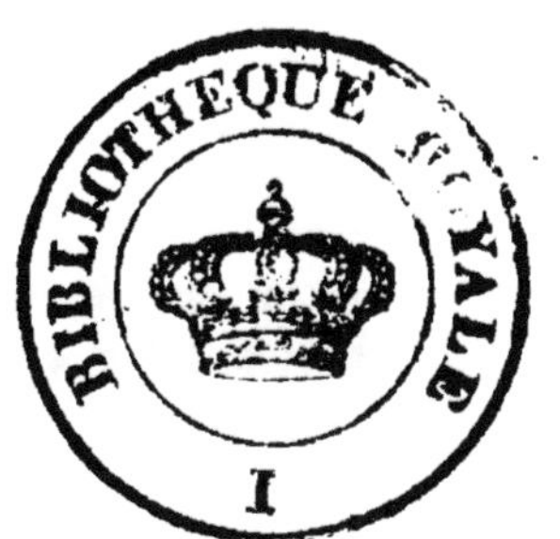
BIBLIOTHEQUE ROYALE
I

TABLE.

TROISIÈME PARTIE.

QUATRIÈME PARTIE.

FIN DE LA TABLE.

PRIX-COURANT

DES

DAGUERRÉOTYPES

DE N.-P. LEREBOURS,

Fabricant d'Instruments d'Optique, de Mathématiques et de Marine;

MAGASINS PLACE DU PONT-NEUF, 13; ATELIERS RUE DE L'EST, 13.

APPAREIL NORMAL DE M. DAGUERRE, perfectionné, entièrement en noyer; objectif de 0m,08; pharmacie complète, six plaques au 30me de 0m,16 sur 0m,22, etc. (1). . . . . . . 260 fr.

Id. dit 1/2 plaque, ébénisterie en noyer. Les mêmes accessoires qu'aux grands. 150

Id. dit 1/4 de plaque. Id. Id. 100

Appareil à portrait. 70

Daguerréotype dit système Gaudin. 90

NOUVEAU DAGUERRÉOTYPE pour plaques 1/6. 90

Ce modèle, aussi prompt que le précédent, est supérieur à tous les autres appareils sous le rapport de la disposition.

La chambre noire, la boîte à plaques et celle à mercure sont renfermées dans une petite boîte; de sorte que *l'on a, sous un très-petit volume, tout ce qui est nécessaire pour opérer pendant une journée entière*. La pharmacie, renfermée dans une seconde boîte *entièrement séparée*, contient, outre de grands flacons de toutes les substances ordinaires, le chlorure d'or, l'eau brômée saturée dans un flacon divisé et celle dosée, prête à servir; la cuvette, le pied à fixer, les cadres pour conserver les plaques brômées, etc., etc. (2).

Appareil 1/4 de plaque entièrement semblable. 120

Id. Id. Id. à double objectif. 150

Appareil 1/2 plaque à un seul objectif. 170

Id. à objectif double. 220

Appareil à un seul objectif pour plaque entière. 300

Id. à objectif double, plus un troisième objectif destiné plus particulièrement à faire le portrait. 400

Appareil id. avec double objectif de 0,11 de diamètre pour plaques de 24 centimètres sur 32. 800

NOUVEL APPAREIL CLAUDET. Cet appareil a l'avantage de servir indistinctement à toute sorte d'objectifs simples ou composés et

(1) Nous garantissons les objectifs, les plaques et toutes les substances que nous livrons avec nos appareils comme étant ce qu'il y a de plus parfait; plutôt que de diminuer le prix au détriment de la *qualité*, nous avons cherché à en perfectionner toutes les parties, à les rendre d'un usage commode, et *complets sous tous les rapports*. La brochure et deux leçons seront données gratuitement par les préparateurs de la maison, à toute personne qui achètera un appareil.

(2) Les avantages de ce modèle, qui est *plus complet qu'aucun autre*, et qui met la chambre noire ainsi que celle à mercure à l'abri des émanations des substances accélératrices, nous ont déterminés à l'adopter pour toutes les dimensions qui suivent.

à toutes grandeurs de plaques. Il est d'une grande solidité et d'un ajustement facile pour mettre au foyer et pour placer la plaque et la retirer de la chambre obscure. Cette construction est fort simple et peu sujette aux dérangements, elle présente aux amateurs la plus grande facilité pour adapter à l'ouverture des verres d'essai. Avec objectifs doubles pour 1/2 plaques, 1/4 et 1/6 ordin. 400

Grand appareil Claudet pouvant servir à toutes les grandeurs de plaques, depuis celles entières jusqu'aux plus petites. 600

Objectif achromatique pour 1/6. 8

Id. avec sa monture à diaphragmes variables ou à crémaillère. 20

Objectif achromatique pour 1/4 de plaque. 15

Id. avec sa monture, sans cremaillère. 25

Id. double avec monture à cremaillère. 60

Objectif achromatique pour 1/2 plaque.. 25

Id. avec sa monture. 35

Id. double avec monture à crémaillère. 100

Objectif achromatique de 0m,08. 60

Id. avec sa monture. 80

Id. double avec monture à crémaillère. 180

Les objectifs doubles sont avantageux, surtout pour les grands appareils, en ce qu'ils opèrent beaucoup plus rapidement que les anciens.

Glace parallèle pour l'appareil de 70 fr. 25

Id. pour ceux de 90 et 1/4 de plaque. 35

Id. pour 1/2 plaque et plaque entière. . . . . 50 et 60

FOURNITURE

DE TOUT CE QUI EST RELATIF AU DAGUERRÉOTYPE.

PLAQUES GARANTIES AU 30e.			PLAQUES GARANTIES AU 10e.		
De 0m 16 sur 0m 22.	4 fr.	50	De 0m16 sur 0m 22.	9 fr.	»
1/2.	3	»	1/2.	6	»
1/4.	1	50	1/4.	3	»
1/6.	1	»	1/6.	2	»

PASSE-PARTOUT

ORDINAIRES. La dizaine.			PEINTS SUR VERRE FILETS NOIRS. La dizaine.			PEINTS SUR VERRE FILETS OR. La dizaine.		
P. pl. de 0m 16 sur 0m 22.	18	»	P. pl. de 0m 16 sur 0m 22.	25	»	P. pl. de 0m 16 sur 0m 22.	30	»
1/2	10	»	1/2	15	»	1/2	18	»
1/4	4	»	1/4	10	»	1/4	12	»
1/6	3	»	1/6	7	»	1/6	9	»

Écrins pour portraits, cadres estampés et autres.

PLANCHETTES A POLIR.	Pour plaques de 0m 16 sur 0m 22.		3 fr.	50 c.
	Id.	1/2	3	»
	Id.	1/4	2	75
	Id.	1/6	2	65

Polissoir avec velours préparé, pour donner le dernier coup aux plaques. 1 50

Id. à manche pour grandes plaques. 3

BOÎTES A PLAQUES.	Pour plaques de 0m 16 sur 0m 22. . . .	5 fr.	» c.
	Id. 1/2	4	»
	Id. 1/4	3	»
	Id. 1/6	2	50

CUVETTES POUR L'EAU BROMÉE ET AUTRES SUBSTANCES ACCÉLÉRATRICES.	Pour plaques de 0m 16 sur 0m 22.	5 fr.	» c.
	Id. 1/2	4	»
	Id. 1/4	3	»
	Id. 1/6	2	»
	Id. . . . . 1/6 sans planchette.	2	50

Verre jaune ou rouge pour les procédés accélérateurs de M. Becquerel, et pour les boîtes à mercure des appareils; de 16 centimètres carrés. . . . . 2 et 3 fr.

Potée d'émeri pour enlever la batiture, les 500 grammes. . . . 4
Tripoli calciné, le kil. 8
Ponce extrafine, décantée et calcinée, les 100 grammes. . . . 3
Rouge à polir, première qualité, 50 grammes. 2
Flacon d'eau brômée saturée, divisé en 40e de 1/2 ou de 1/4 de litre. 1 50
1/2 litre d'eau brômée prête à servir (avec instruction). . . . 1 50
Dissolution alcoolique d'iode. 1
Chlorure d'iode (avec instruction). 2 50
Bromure d'iode (avec son flacon d'eau brômée et instruction). 3
Liqueur hongroise, le flacon. 4
Liqueur dispensant de l'usage de la boîte à iode. 4
Le pot et la glace pour le bromure d'iode. 1 50
Coton superfin, le paquet. 2
Brôme, 25 grammes, avec flacon. 4
Flacon d'hyposulfite, 500 grammes. 8
Flacon id. d'iode, 250 grammes. 12 50
Mercure distillé, les 500 gram., avec flacon, suivant le cours. 7 à 10

Cadres en cuivre de M. Claudet pour transporter et conserver les plaques brômées. . . . . 1 à 2 50

Support pour sécher les plaques après le lavage. 3
Support en cuivre pour passer au chlorure d'or. 8
Id. avec vis à caler. . . . . 10 et 16

Support pour appuyer la tête. . . . . 10 et 20
Chlorure d'or tout préparé pour fixer les épreuves, le 1/2 litre. 3 »
Id. pour colorer les épreuves et les fixer à froid. 3

Un gramme de chlorure d'or, solide. 4
Pied pour daguerréotype. 12
Id. à six branches. . . . . 20 et 25
Id. brisé. . . . . 25 et 30

Petite seringue en verre pour doser le brôme. 1

Pendules pour compter les secondes ou les 1/2 secondes. . . . 1

Compte-secondes avec timbre, boîte en acajou. 50
Id. sans timbre, boîte en pyramide. 20

INSTRUCTION

Pour la pile du professeur R. BUNSEN [1].

Cette pile est supérieure à toutes celles connues (2) ; son action constante la rend extrêmement précieuse pour les réductions de métaux, par conséquent pour toutes les nouvelles expériences de galvanoplastie; son intensité énergique donne des résultats surprenants. Ainsi, avec un seul élément, on peut montrer la combustion du fer, l'incandescence du platine, décomposer l'eau et la plupart des sels métalliques, etc., etc.

Pour charger un élément, on commence par introduire le cylindre de charbon dans le bocal en verre et l'on verse dans celui-ci de l'acide nitrique du commerce jusqu'à ce que le niveau du liquide parvienne à la moitié de la hauteur du bocal. On étend une partie d'acide sulfurique de quarante à cinquante parties d'eau; et l'on verse ce mélange dans le cylindre de terre poreuse, que l'on enfonce alors dans le charbon. On fait entrer le collet en zinc sur la portée qui a été ménagée a ce dernier; enfin, on introduit l'élément zinc dans le cylindre poreux. La pile fonctionne aussitôt ; il ne reste donc plus qu'à établir la communication, ce qui s'obtient en passant des fils métalliques bien décapés dans les trous qui existent aux extrémités des pièces en zinc (3).

Lorsqu'on aura plusieurs éléments à réunir en batterie, les queues des éléments zinc seront fixées avec des pinces en cuivre contre les queues des collets qui entourent les charbons; les deux extrémités du circuit devront donc être terminées par un élément zinc et par la queue d'un collet. Pour établir la communication avec les cuves, on fait communiquer le collet qui entoure le charbon avec l'électrode (plaque de cuivre qui se dissout dans le bain) ; et l'élément zinc, avec l'objet à couvrir de cuivre ou d'autre métal.

Dans l'état de repos, l'acide nitrique peut rester en

(1) Pour plus de détails, consultez le *Traité de Galvanoplastie* par L... ; juin 1843, chez Lerebours et Fortin-Masson.

(2) Nous nous sommes assurés qu'à égalité de prix ses effets sont dix fois plus puissants.

(3) Ces queues ainsi que le collet qui entre sur le charbon, devront être tenus toujours bien avivés, soit avec une lime, soit avec du papier à émeri. On pourra avec avantage se servir de rubans flexibles en cuivre avec des pinces pour établir la communication.

contact avec les charbons ; seulement, après chaque expérience, il est indispensable de vider les cylindres en terre poreuse, de les laver à grande eau et de les faire sécher ainsi que les éléments zinc.

Prix d'un élément	5	
Id. de 10 éléments avec leur monture en bois	55	
Id. de 20 . Id. Id.	110	
Id. de 50 avec table à roulette, conducteurs à colonne et supports pour répéter diverses expériences	300	
Un élément en zinc amalgamé		80
Pinces pour établir la communication		50

Les appareils suivants peuvent être employés avec les piles de Bunsen :

Galvanomètre pour mesurer l'intensité des courants	18	
Cuve complète pour la reproduction en cuivre de médailles, cachets, cadrans de montre, planches gravées, etc., etc. Elle peut également servir à la galvanisation de tous les métaux l'un par l'autre, et particulièrement à la dorure et à l'argenture : ainsi une épreuve de daguerréotype peut acquérir un ton fort agréable en la dorant, et cette même épreuve peut servir à en tirer des exemplaires identiques en cuivre sans altérer le modèle en plaqué. Pour 1/6 et 1/4 de plaque	15	
Cuve id. pour plaque de 0,16 sur 0,22	25	
Poudre d'argent pour métalliser, les 10 grammes	1	50
Boîte de plombagine pour le même usage, excellente qualité		75
Bain d'or tout préparé, le demi-litre	15	
Bain d'argent, id. le litre	4	
Sulfate de cuivre, les 500 g.	1	25
Appareil pour la décomposition de l'eau, avec les cloches pour recueillir les gaz et produire le mélange détonant	15	
Appareil pour produire, au moyen de la pile, la lumière si remarquable que donne l'incandescence du charbon dans le vide	30	
Inducteur de M. Delarive, pouvant s'appliquer à toutes les piles et augmentant leur énergie.		

En vente, au 15 juin 1843, chez LEREBOURS ET FORTIN-MASSON :

TRAITÉ DE GALVANOPLASTIE, 1 vol. in-8°, par L....

TRAITÉ DE PHOTOGRAPHIE, 1 vol. in-8°, par N-P. Lerebours.

Portraits instantanés par tous les temps possibles,

SOUS UN PAVILLON ENTIÈREMENT EN VERRE BLEU.

Prix : 10 et 15 fr.

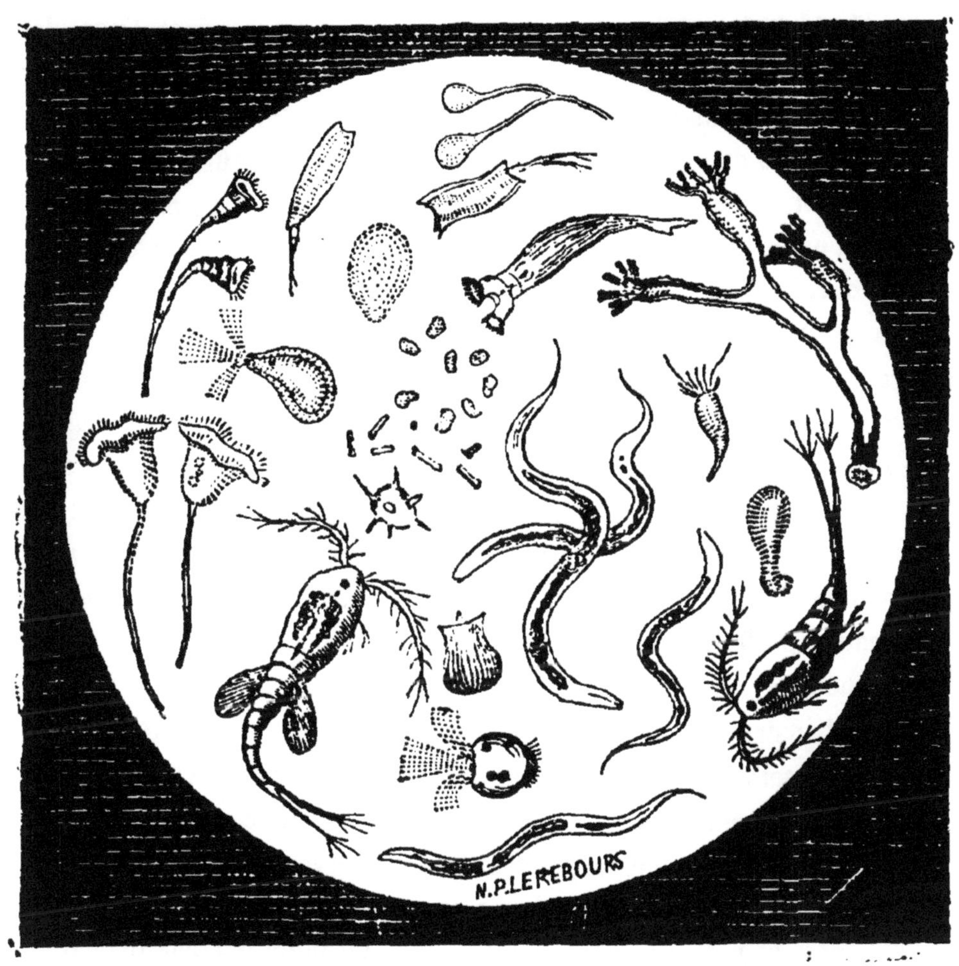

APPARENCE D'UNE GOUTTE D'EAU STAGNANTE

VUE AU MICROSCOPE STANHOPE[1].

Monté en argent, prix : 5 fr.

Cette lentille, que nous avons importée d'Angleterre, a de très-grands avantages : son champ est aussi étendu que celui de beaucoup de Microscopes composés, sa lumière est plus grande que celle de tous les Microscopes simples, et son amplification est consi-

(1) Chez N.-P. Lerebours (*), opticien de l'Observatoire, place du Pont-Neuf, 13.

(*) Notre nom est poinçonné sur toutes nos montures.

dérable; étant formée par un cylindre en verre dont l'une des surfaces (la plus plate) est au foyer de l'autre, il n'y a qu'à y appliquer l'objet qui s'y maintiendra de lui-même (1).

Le peu de volume et l'extrême facilité avec laquelle on emploie cet instrument le rendent vraiment précieux pour les naturalistes. Les amateurs et les gens du monde le rechercheront pour toutes ses propriétés ; rien de plus curieux que la poussière des étamines ! les anguilles du vinaigre et celles de la colle de pâte y seront vues avec d'énormes proportions ; enfin, si, las de contempler les formes des insectes, ils veulent observer un spectacle d'une grande magnificence et d'un grand intérêt, ils examineront les cristallisations des sels et verront se former des cristaux admirables d'élégance et de régularité. Dans les ménages, ses applications ne sont pas moins nombreuses ; il peut indiquer les falsifications qu'on fait subir à beaucoup d'aliments : l'addition de la fécule dans les farines, dans le chocolat, etc.

Cet instrument, comme Microscope de poche, pourra rendre de grands services ; dans les excursions, il permettra d'observer immédiatement et sans aucune préparation les corps qu'on rencontre et qui souvent ne peuvent être conservés ; son *amplification considérable* et son *grand champ* laissent voir souvent des détails qui seraient restés inaperçus à la loupe, et qu'on n'a pas toujours le loisir d'observer au Microscope composé.

Nous construisons, depuis quelques jours seulement, des Stanhopes qui ont une amplification de 80 diamètres (6,400 fois en surface) ; ceux-ci permettent d'observer les stries des poussières de papillon, les globules du sang, enfin la plupart des animalcules ; ils sont munis d'un écran pour l'œil, et d'un tube qui ne laisse arriver sur la lentille que les rayons parallèles. Prix : 8 fr.

Ces instruments ont été présentés à l'Académie des sciences et à la Société d'encouragement.

(1) Il ne faut pas confondre cette lentille avec quelques microscopes connus à Londres sous les noms de sphères de M. Brewster, lentille de Coddington ou à œil d'oiseau : dans celles-ci, les surfaces sont égales ; il n'en est pas de même dans la lentille Stanhope.

Manière d'en faire usage.

Après s'être assuré que les deux surfaces de la lentille sont bien propres, on appliquera le corps transparent sur le côté le moins convexe; pour un très-grand nombre d'objets, tels que les pollens, les poussières ou écailles de papillon, etc., on fera condenser la vapeur de l'haleine, et il suffira alors d'appliquer cette surface sur le corps lui-même : il gardera autant de poussière qu'il en faut.

Pour les liquides, il faudra avoir soin d'essuyer la lentille avec un linge bien propre; car, si elle était grasse, il se formerait immédiatement une petite goutte qui n'adhérerait pas à la totalité de la surface. Si l'on veut observer les animalcules qui forment souvent une espèce de pellicule sur les liquides, on y plonge le côté plat, seulement de manière à le mouiller entièrement, et, par une petite secousse, on fera détacher de la lentille l'excédant du liquide.

Lorsqu'on voudra examiner des infusoires visibles à la simple vue, on mouillera légèrement la surface plate; puis, avec la barbe d'une plume, on les y transportera.

Pour étudier les corps membraneux d'une certaine étendue, il sera bon quelquefois de les mouiller, cela augmentera leur transparence, et ils adhéreront mieux avec sa surface.

Toutes les fois qu'on se servira d'une lampe ou d'une bougie, on dirigera l'axe du cylindre vers la lumière; dans ce cas, le Microscope produira *toujours* un excellent effet : cela est dû à ce que les rayons qui arrivent sur la première surface sont sensiblement parallèles.

Pour obtenir la même distinction dans *toutes les observations faites le jour* il est *indispensable* d'appliquer la main fermée en forme de cornet devant la lentille, l'*ouverture la plus étroite du cône* devant être *la plus éloignée* de la lentille; par cette disposition on évite la lumière diffuse, et les rayons qui arrivent à la surface sont presque parallèles. Plus les corps sont transparents, plus l'ouverture devra être étroite : ici l'habitude d'observer aura bientôt appris à trouver les circonstances les plus favorables. L'œil devra toujours être appliqué le plus près possible de la lentille.

LENTILLES CODDINGTON.

Ces lentilles sont pour les corps opaques ce que celles Stanhope sont pour les corps transparents. Elles sont montées de même ; leur amplification est de 30 fois. . . . . 8 fr.

Id. avec monture à recouvrement. 16

Microscopes Gaudin à une lentille. . . . . . . 6 fr.

Id. à deux lentilles 9

MÉGAGRAPHE de MM. Lefebvre et Percheron. Prix. . . 350 fr.

Cet ingénieux appareil permet de dessiner par un simple calque tous les objets microscopiques ; de sorte que l'observateur le moins expérimenté peut reproduire avec une fidélité parfaite les insectes les plus compliqués. On comprend l'importance de son application à l'entomologie, et à toutes autres parties de la science dans lesquelles on a recours au microscope. Nous venons d'appliquer à cet appareil les procédés du daguerréotype ; tous les objets peuvent se reproduire depuis la grandeur comme nature jusqu'à une amplification de 50 fois et plus.

INSTRUCTION PRATIQUE

SUR LES MICROSCOPES,

PAR N.-P. LEREBOURS,

2e ÉDITION, AVEC PLANCHE GRAVÉE SUR ACIER ; PARIS, 1841.

Prix : 2 fr.

Pour donner une idée de l'utilité de cet ouvrage, qui contient un résumé de tout ce qui a été publié sur la microscopie, nous transcrirons seulement ici la table des matières.

MICROSCOPES ACHROMATIQUES SIMPLIFIÉS

DE N.-P. LEREBOURS.

francs.

CONSTRUCTION nº 1 (9 amplifications variables depuis 25 fois jusqu'à 270). 65

Trois lentilles achromatiques, un oculaire, vis estampée dite à procédé pour ajuster au point de vue, diaphragmes variables, instruments de dissection, auge pour la circulation du sang et celle de la sève, pièce pour les infusoires, collection d'objets préparés et de verres plans.

CONSTRUCTION nº 2 (18 amplifications variables depuis 25 fois jusqu'à 480). 80

Cet instrument ne diffère du Nº 1 que par l'addition d'un second oculaire plus fort, et par celle d'une loupe à lumière nécessaire pour l'étude des corps opaques.

CONSTRUCTION nº 3 (18 amplifications variables depuis 25 fois jusqu'à 480). 90

Entièrement semblable au Nº 2, si ce n'est que la vis estampée pour mettre au foyer est remplacée par un bouton de crémaillère.

Tous ces instruments sont renfermés dans des boîtes très-soignées, et accompagnés d'une brochure explicative.

Ces microscopes, présentés à l'Institut l'année dernière, ont dû le grand succès dont ils jouissent, autant à l'universalité de leur usage qu'à leur extrême bon marché.

La lentille la plus faible, employée seule, a une amplification excessivement faible : ainsi les gens du monde, qui ne voient dans le microscope qu'un passe-temps, pourront examiner des insectes entiers sans éprouver les difficultés qu'ils rencontraient dans les autres instruments qui ont un champ fort rétréci ; quant aux puissants grossissements, notre combinaison la plus forte dépasse de beaucoup les limites nécessaires pour voir parfaitement les objets les plus difficiles.

LENTILLES ACHROMATIQUES

PLUS FORTES QUE TOUTES CELLES FAITES JUSQU'A CE JOUR.

Ces lentilles, employées avec des oculaires d'une force ordinaire, produisent sans la moindre trace d'aberration, avec un achromatisme et une netteté parfaits, une amplification de 1,000 à 1,500 fois.

Prix du jeu composé de 3 lentilles : 60 fr.

GALERIE MICROSCOPIQUE,

Traduction du Microscopic Cabinet de M. Pritchard, augmentée de notes

PAR N.-P. LEREBOURS,

Opticien de l'Observatoire et de la Marine.

Collection choisie d'objets microscopiques, de *test objects*, etc. ; contenant, en outre, la description des microscopes en pierres précieuses, un mémoire du dr Goring sur la vérification des phénomènes microscopiques, et suivie d'une instruction pratique.

Ouvrage enrichi de 12 planches gravées à Londres et de gravures intercalées dans le texte.

PARIS. Chez N.-P. LEREBOURS, fab. d'instruments d'optique, pl. du Pont-Neuf, 13.
FORTIN, MASSON ET Comp., place de l'École-de-Médecine, 1.

NOUVELLES
EXCURSIONS DAGUERRIENNES

L'album intitulé : *Excursions daguerriennes* est devenu pour ainsi dire un livre populaire. A peine la France eut-elle adopté, avec des transports légitimes, le noble instrument inventé par Daguerre, que le daguerréotype commença son tour d'Europe, ramassant de côté et d'autre les plus doux aspects, les plus vieux édifices, les plus riches et les plus nobles monuments des beaux-arts ; mais aussi la France et l'Europe ont-elles été étonnées et charmées de se voir reproduites, dans cette image fidèle, avec toutes les grâces de l'imprévu.

Ainsi, jusqu'à ce jour, on peut regarder le premier volume des *Excursions* comme la manifestation la plus puissante de cet instrument nouveau qui commande à la lumière, et qui fait, pour ainsi dire, du soleil un dessinateur toujours prêt, toujours inspiré. Ce livre atteste, plus que tout autre livre, la toute-puissance du daguerréotype ; il a fait faire des progrès tout nouveaux à ce grand art, il a agrandi son domaine outre mesure. Quelques esprits chagrins prétendaient, avant la publication des *Excursions daguerriennes*, que le daguerréotype était un jouet d'enfant ; la publication de M. Lerebours a prouvé aux plus incrédules que c'était là une science sérieuse, féconde en résultats et en découvertes.

Voilà donc l'entreprise daguerrienne dignement posée par sa première publication ; mais, nous l'avouons sans remords, ce premier livre, tout beau qu'il est en effet, n'est encore qu'à l'état d'essai et d'espérance. De bonne foi, nous serait-il permis, pour quelques beaux monuments pris au hasard dans le monde des chefs-d'œuvre, d'arrêter là notre œuvre commencée, de briser le noble instrument après ses premiers efforts! Non pas, certes. Nous voulons compléter ce travail, qui ne sera jamais complet tant qu'un monument, ancien ou moderne, n'aura pas conquis sa place dans cet admirable album des temps passés et du temps présent. Bien plus, le remords nous a déjà pris quand nous nous sommes mis à penser à combien d'oublis impardonnables nous nous sommes trouvés exposés dans cette publication nationale. Quoi donc! pendant que nous étions occupés dans l'Europe entière, nous laissions en oubli les monuments de la France, la mère-patrie de tant de monuments illustres. Nous étions bien loin à la recherche des chefs-d'œuvre de l'Italie, de l'Espagne et de la Russie, et cependant la vieille Bretagne, tout le Midi de la France, ses vestiges romains, ses édifices catholiques, ses ruines, ses églises, ses paysages, tout cet ensemble avec lequel MM. Charles Nodier et Taylor composeront cinquante volumes in-folio, appelaient en vain à l'aide de leur gloire et de leur popularité l'instrument de Daguerre. Eh quoi! nous avons dessiné et gravé le dôme de Pise avant la façade de Notre-Dame de Paris, la Tour penchée avant la colonne de la place Vendôme, la fontaine de l'Ammonato avant la fontaine de la place Louvois, le Palais-Vieux avant l'Hôtel des Invalides! Nous avons donné le Kremlin avant l'arc-de-triomphe de l'Étoile!

Dans le livre nouveau que nous annonçons, comme le complément indispensable de notre publication première, ces oublis incroyables seront réparés; ou pour mieux dire ce n'étaient pas là des oublis, c'est que tout simplement nous voulions essayer notre art sur les chefs-d'œuvre de l'étranger, et garder la perfection pour les œuvres de la patrie. Cette fois donc, nous n'irons pas si loin chercher nos modèles. Nous nous adresserons tout simplement à la patrie française. Bordeaux nous prêtera son théâtre, son port, son église; Lyon, sa vieille église et ses sublimes hauteurs. Nous emprunterons à Chartres sa cathédrale; à Rouen ses monuments de l'art gothique; leurs châteaux à Versailles et à Fontainebleau. Nous traverserons avec respect la ville des papes, Avignon. Nous foulerons d'un pied superbe le pont du Gard qui se souvient des Romains de César; Besançon, Châteaudun, Château-Gaillard poseront à leur tour devant le daguerréotype-Lerebours.

Puis, cet hommage mérité rendu à la France, rien ne nous empêchera de nous occuper, encore une fois, du reste de l'Europe. Nous retournerons à Florence pour y chercher les portes du Baptistère; à Turin, pour y prendre la vue du Château; à Venise, pour copier la Maison dorée. Bien plus, Constantinople nous appelle; nous avons même le projet de diriger notre fidèle miroir sur les pagodes de l'Inde, sur les maisons de la Chine, sur les monuments fabuleux de l'Amérique du sud.

Au reste, notre fidélité à remplir nos promesses premières est un sûr garant de notre exactitude pour l'avenir. Notre premier livre des *Excursions* annonce suffisamment le second. Cette fois comme la première nous nous appuierons sur le concours d'artistes et d'écrivains illustres, dignes les uns et les autres de reproduire, par le burin et par la plume, les mêmes chefs-d'œuvre que l'instrument de Daguerre reproduit par l'ombre, la lumière et le soleil.

Vues projetées dans la seconde partie des Excursions daguerriennes.

Paris.	Façade de Notre-Dame de Paris. Côté de l'abside. Colonne de la place Vendôme. Fontaine de la place Louvois. Porte de la Bibliothèque du Louvre. Hôtel-de-Ville. Hôtel des Invalides. Arc-de-triomphe de l'Étoile.

Bordeaux. { Pont de Cubsac.
Grand-Théâtre.
Place Royale et le pont.
Sainte-Croix.

Lyon. { La cathédrale.
Vue générale.
Deux autres vues.

Trois vues de Chartres.
Quatre vues de Rouen.
Deux vues de Versailles.
Une vue de Fontainebleau.
Une vue d'Avignon.
Une vue du pont du Gard.
Quatre vues de Reims, Soissons, Besançon, etc.
Six vues des principaux châteaux de France, tels que Châteaudun, Château-Gaillard, etc.

Portes du Baptistère à Florence.
Une vue du Château à Turin.
Maison dorée à Venise.
Grande place à Nimègue.
Deux vues de monuments de Londres.
Deux vues de Constantinople ou de Saint-Pétersbourg.

Nous comptons compléter les 60 vues par les planches les plus importantes des monuments français qui nous parviendront pendant la durée de notre publication, ainsi que par 6 ou 8 vues de l'Inde, de la Chine et de l'Amérique du sud.

La liste des souscripteurs sera imprimée à la fin du second volume.

La première série forme un Album composé de 60 planches, le prix est de 400 fr.

Cette nouvelle série d'un livre qui peut être complet en un seul tome ou en deux tomes, car ils ne tiennent l'un à l'autre que par le lien peu gênant qui unit, par exemple, la France à l'Italie, Paris à Florence, se composera de 40 planches. Cette deuxième série sera publiée, comme la première, par livraisons de 4 planches qui paraîtront tous les deux mois de telle façon que *l'ouvrage sera terminé* le 30 octobre 1843.

Au choix des sujets nous avons voulu joindre celui des textes, qui seront confiés à nos écrivains, à nos archéologues, à nos artistes les plus célèbres. Aux noms des J. Janin, des Charles Nodier et des Taylor se mêleront ceux de MM. de Contencin, Ed. Dusommerard, Horeau, Lassus, Visconti, etc., etc.

L'extrême exactitude de ce livre, son prix peu élevé, les célébrités qui concourent à son exécution, ce sont là autant de causes qui doivent assurer le succès de notre publication.

Le prix de chaque livraison, composée de 4 planches imprimées sur papier de Chine, format quart jésus satiné, fabriqué tout exprès, et de 8 à 10 pages de texte, est de 6 fr.

On fera tirer seulement 50 exemplaires, édition de luxe imprimée sur Chine, grand papier quart colombier satiné, 8 fr.

Les mêmes, imprimés en couleur et très-bien coloriés, 15 fr.

Chaque planche en noir, accompagnée de son texte, 1 fr. 75 c.

On souscrit à Paris chez :

N.-P. Lerebours, opticien de l'Observatoire, place du Pont-Neuf, 13;
Goupil et Vibert, éditeurs d'estampes, boulevard Montmartre, 15;
Hector Bossange, commissionnaire pour l'étranger, quai Voltaire, 11;
Buron, fabricant d'instruments d'optique, rue des Trois-Pavillons;
Aubert, éditeur d'estampes, place de la Bourse;
Susse frères, place de la Bourse;

A Londres :

Chez Claudet, Daguerreotype room, Adelaide gallery, Strand;

Et chez les principaux libraires, opticiens et marchands d'estampes de la France et de l'étranger.

VUES PUBLIÉES DANS LA PREMIÈRE SÉRIE

DES

EXCURSIONS DAGUERRIENNES.

La première série forme un Album magnifique composé de 60 Planches et de 150 pages de texte.

Le prix est de 100 francs.

Album composé de 20 planches choisies. } 35 fr.
Album composé de 20 vues { d'Italie ou de France. } 35 fr.
Petit album de choix . . . . 18 fr.

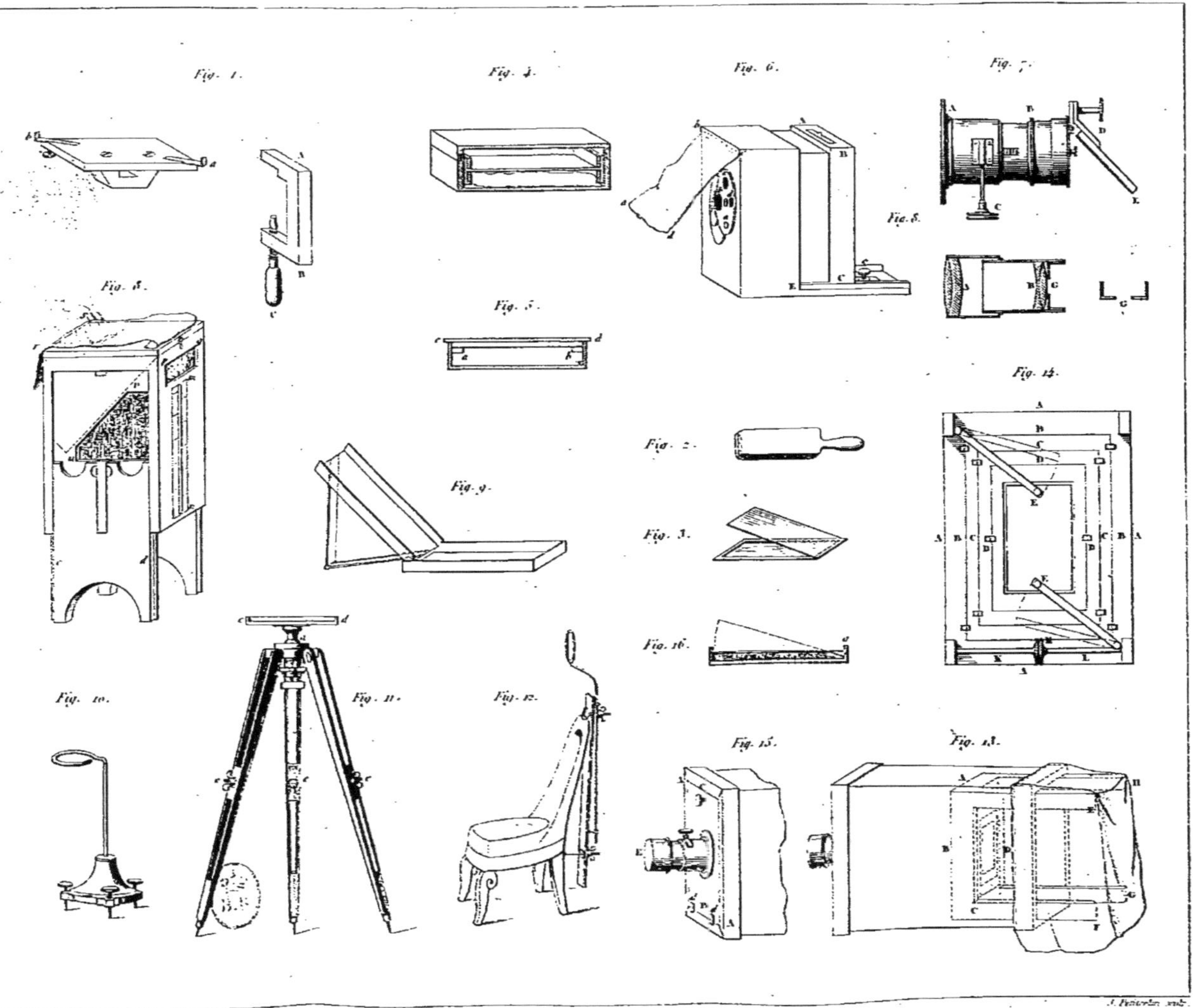
Fig. 1.
Fig. 4.
Fig. 6.
Fig. 7.
Fig. 8.
Fig. 5.
Fig. 8.
Fig. 14.
Fig. 9.
Fig. 2.
Fig. 3.
Fig. 16.
Fig. 10.
Fig. 11.
Fig. 12.
Fig. 15.
Fig. 13.

www.ingramcontent.com/pod-product-compliance
Ingram Content Group UK Ltd.
Pitfield, Milton Keynes, MK11 3LW, UK
UKHW020119200726
13856UKWH00002B/630

9 782013 497404